COLEÇÃO

INTERAÇÕES

Interações:
crianças, brincadeiras brasileiras e escola

Blucher

COLEÇÃO

INTERAÇÕES

Lucila Silva de Almeida

Interações:
crianças, brincadeiras brasileiras e escola

Josca Ailine Baroukh
COORDENADORA

Maria Cristina Carapeto Lavrador Alves
ORGANIZADORA

Interações: crianças, brincadeiras brasileiras e escola
© 2012 Lucila Silva de Almeida
3ª reimpressão – 2020
Editora Edgard Blücher Ltda.

Capa: Alba Mancini

Foto: Fernando Pião

Blucher

Rua Pedroso Alvarenga, 1245, 4º andar
04531-934 – São Paulo – SP – Brasil
Tel.: 55 11 3078-5366
contato@blucher.com.br
www.blucher.com.br

Segundo o Novo Acordo Ortográfico, conforme 5. ed.
do *Vocabulário Ortográfico da Língua Portuguesa*,
Academia Brasileira de Letras, março de 2009.

É proibida a reprodução total ou parcial por quaisquer
meios sem autorização escrita da editora.

Todos os direitos reservados pela Editora
Edgard Blücher Ltda.

FICHA CATALOGRÁFICA

Almeida, Lucila Silva de
Interações: crianças, brincadeiras brasileiras,
escola / Lucila Silva de Almeida; Josca Ailine Baroukh,
coordenadora; Maria Cristina Carapeto Lavrador Alves,
organizadora. – São Paulo: Blucher, 2012. – (Coleção
InterAções)

Bibliografia
ISBN 978-85-212-0664-4

1. Atividades criativas 2. Brincadeiras na educação
3. Sala de aula – Direção. I. Baroukh, Josca Ailine.
II. Alves, Maria Cristina Carapeto Lavrador. III. Título.
IV. Série

12-04396   CDD-371.397

Índices para catálogo sistemático:
1. Brincadeiras como proposta pedagógica: Educação
371.397
2. Brincadeiras na sala de aula: Educação   371.397

À minha filha Ana Clara, com quem quero brincar bastante; ao André que me presenteou com a mais bela boneca; à minha mãe que mesmo com a correria dos afazeres de casa costurava as roupinhas das minhas bonecas alimentando minhas brincadeiras de faz de conta; ao meu pai meu eterno brincalhão; aos meus irmãos, parceiros nas brincadeiras de infância; aos meus amigos queridos e aos antigos e atuais alunos que despertam a todo instante meu desejo de brincar.

Nota sobre a autora

Lucila Almeida formou-se em Pedagogia, foi coordenadora pedagógica de CEI – Centro de Educação Infantil por 8 anos e professora de Orientação da Prática Educativa no Programa ADI Magistério (parceria entre a PMSP e a Fundação Vanzolini). Atua como professora de educação infantil na rede particular e também como formadora de professores em instituições públicas e privadas, em parceria com as prefeituras de São Paulo e São Bernardo do Campo.

Apresentação

Educar é interagir, é agir **com o outro**, o que acarreta necessariamente a transformação dos sujeitos envolvidos na convivência. Foi essa a ideia que elegemos para nomear a coleção InterAções. Acreditamos que ensinar e aprender são ações de um processo de mão dupla entre sujeitos, que só terá significado e valor quando alunos e professores estiverem questionando, refletindo, refazendo, ouvindo, falando, agindo, observando, acolhendo e crescendo juntos.

Com base nessa premissa, convidamos autores e professores. Professores que conhecem o chão da sala de aula, que passam pelas angústias das escolhas para qualificar as aprendizagens das crianças, seus alunos. Professores que, em sua grande maioria, também são coordenadores de formação de grupos de professores, conversam com professores e, portanto, conhecem o que os aflige.

A esses autores, pedimos que estabelecessem um diálogo escrito sobre temas inquietantes em suas áreas de atuação. Temas que geram muitas dúvidas sobre o que, como e quando ensinar e avaliar. Temas recorrentes que, se abordados do ponto de vista de novos paradigmas educacionais, podem contribuir para a ação, reflexão e inovação das práticas de professores da Educação Infantil e do Ensino Fundamental I.

Apresentamos nesta coleção situações de interação entre professores e crianças: exemplos, sugestões pedagógicas e reflexões. Pontos de partida para o professor repensar sua prática e proporcionar a seus alunos oportunidades de se sentirem e serem protagonistas de suas aprendizagens. Acreditamos ser importante que o professor questione sua rotina e construa um olhar apurado sobre as relações cotidianas. Estranhar o natural estimula a criatividade, a inovação, o agir. E assim, é possível ir além do que já se propôs no ensino desses temas até o momento.

Nosso intuito é compartilhar as descobertas geradas pelo movimento de pesquisa, reflexão e organização do conhecimento na escrita dos autores. E proporcionar ao professor leitor a experiência de um "olhar estrangeiro", de viajante que se deslumbra com tudo e que guarda em sua memória os momentos marcantes, que passam a fazer parte dele. Queremos animar em nosso leitor a escuta atenta e estimular suas competências técnicas, estéticas, éticas e políticas, como tão bem explica Terezinha Azeredo Rios.

Em meio às dificuldades de ser professor na contemporaneidade, os profissionais da educação persistem na criação de planejamentos e ações que promovam as aprendizagens de seus alunos. Aos desafios, eles apresentam opções e são criativos. É para esses profissionais, professores brasileiros, e para seus alunos, que dedicamos nossa coleção.

Boa leitura!

Josca Ailine Baroukh

Sumário

Introdução 13

1   O que querem as crianças: brinquedo
ou brincadeira? 17

Infância e brincar 17

Diferentes brincadeiras e brincadeiras culturais 20

Brinquedo e brincadeira 27

Importância da brincadeira na infância
(cultura da infância) 35

2   Inteira ação... Para que a brincadeira aconteça. 39

O lugar da brincadeira nas creches e escolas
de educação infantil: 39

O papel do professor: o que fazer? por que fazer?
como fazer? 51

Alimentando o brincar por outras culturas
e as brincadeiras tradicionais da infância 63

3	**Brincadeiras da Cultura Brasileira**	69
	Brincadeiras para bebês: brincos e cantigas simples...	71
	Brincadeiras para crianças de dois e três anos:...........	88
	Brincos mais longos	95
	Brincadeiras para crianças de quatro e cinco anos:	117
4	**Em poucas palavras...**	139
	A criança brinca para entender o mundo	139
Referências Bibliograficas		145

Introdução

> Quando for grande, não quero ser médico, engenheiro ou professor. Não quero trabalhar de manhã à noite, seja no que for. Quero brincar de manhã à noite, seja com o que for. Quando for grande, quero ser um brincador.
>
> *Álvaro Magalhães*

Antes da existência da televisão, as crianças se reuniam para brincar no fim da tarde, enquanto seus pais conversavam na calçada. Mesmo no início de seu advento, quando apenas poucas pessoas tinham acesso a aparelhos de TV, as famílias se reuniam em uma única casa para assistir, enquanto as crianças ficavam nos quintais brincando com os seus vizinhos.

Lembro-me de que uma das minhas maiores alegrias de infância era quando acabava a luz e, não tendo o que assistir, as pessoas iam para as ruas. Nós ficávamos na maior euforia, pois a brincadeira era certa! Hoje, pelo contrário, quando a eletricidade acaba, ficamos desesperados, como se tivessem tirado nosso chão.

Ultimamente, estamos cada vez mais próximos dessa "caixinha", muitas vezes separados, cada um em seu quarto e isolados por esse aparelho. O mesmo também acontece com o uso do computador e da internet.

Pela televisão as crianças conhecem muitos dos brinquedos que passam a desejar e pedir aos pais. No entanto, muitas vezes, apenas os acumulam como mais uma conquista, brincando com eles algumas vezes e desprezando-os logo que adquirem os próximos lançamentos.

Na verdade, não é a televisão a grande vilã e sim o uso que fazemos dela que nos afasta das relações sociais. Como as crianças gostam muito de assistir a filmes e desenhos animados, deixamos que passem muito tempo vendo a mesma programação.

Outra oportunidade de as crianças se reunirem e conviverem eram as festas de aniversários que aconteciam em suas casas, momento em que adoravam fazer brincadeiras antes e depois de o bolo ser cortado. Atualmente, é cada vez mais frequente a realização de festas de aniversários em grandes bufês, espaços em que as crianças exploram brinquedos gigantescos, animados por monitores, e a brincadeira, momento de interação com o outro e de descoberta, muitas vezes não acontece. A experiência provocada pela brincadeira perde espaço para o excesso de brinquedos.

Antigamente, as pessoas não destinavam tanto tempo ao trabalho e aos afazeres; havia um tempo de repouso, de lazer, momentos de encontros e interação, e, por isso, podiam dedicar-se por mais tempo ao brincar. As crianças iam para a escola em um período e passavam o outro brincando com seus brinquedos, vizinhos e colegas. Atualmente, nossas crianças estão ficando cada vez mais sem tempo: saem da escola, vão para natação, inglês, tênis, dança, compromissos sociais, pois sempre queremos que aprendam mais alguma coisa, para serem bem-sucedidos quando crescerem. E o momento do brincar é relegado ao curto tempo que sobra entre uma atividade e outra.

Vivemos em um tempo em que as brincadeiras que aconteciam em espaços de convivência como ruas, praças, em frente às igrejas e que favoreciam a transmissão da cultura da infância pelas crianças já não existem mais.

A escola é hoje um dos únicos espaços em que as crianças se reúnem e, portanto, é local privilegiado para que a brincadeira aconteça. No entanto, quando esse é o assunto de discussões entre os professores, muitas vezes, nos pegamos apenas reclamando da falta de brinquedos em nossa instituição, seja ela pública ou particular. Em muitos casos, também reivindicamos a construção de salas de jogos ou brinquedotecas, como se o brinquedo por si só ou um espaço físico reservado para esses brinquedos agissem sozinhos e fossem os únicos elementos necessários para que a brincadeira exista. A queixa geralmente está atrelada ao material e raramente ao planejamento de ações que favoreçam o brincar.

O que querem as crianças: brinquedo ou brincadeira? Responder a essa pergunta não é o propósito deste livro, mas sim refletir sobre a importância das brincadeiras na vida das crianças e, portanto, nas instituições escolares, pelo valor educativo que elas trazem ao ampliar os conhecimentos infantis.

As brincadeiras ajudam as crianças na aprendizagem das diversas linguagens, possibilitam a ampliação de narrativas, do discurso oral, da comunicação; por meio delas, conhecem seu próprio corpo, seus limites e possibilidades. Ao mesmo tempo, as brincadeiras permitem generalizações e tomadas de consciência, que ocorrem quando as crianças desempenham papéis diferenciados, manipulam objetos, aprendem sobre regras de convivência e a respeitá-las, podendo conhecer mais sobre o outro e a si mesmos.

Não quero aqui, em nenhum momento, fazer campanha contra o brinquedo. Pelo contrário, sei de sua importância para o brincar e o quanto se faz necessário ter cada vez mais brinquedos de boa qualidade em nossas instituições para apoiar o faz-de-conta, os jogos e os diversos momentos de brincadeira. O que defendo é que as crianças querem, e nos pedem, muito mais situações de brincadeiras, com adultos presentes que observam, participam, registram e propõem novas e desafiantes situações de brincar. As crianças precisam de espaços e tempos garantidos para que a brincadeira aconteça, querem conhecer brincadeiras de nossa cultura pelo simples prazer de dar as mãos aos colegas e, embaladas por uma cantiga, participar de um pega-pega ou imitar gestos.

É preciso dizer que, além de ser prazeroso para as crianças, também é importante que sintamos um imenso prazer em "acordar" a prática de brincadeiras, especialmente aquelas da cultura da infância que vêm se perdendo nos tempos atuais, quando já não podemos brincar nas ruas. Acreditamos que, por ser a escola um dos únicos espaços em que as crianças se reúnem, o papel do professor como representante da cultura é de suma importância para que nosso patrimônio, esse espaço de constituição do sujeito, seja permitido e perpetuado nas ações das crianças.

Portanto...

Vamos brincar!

1 O que querem as crianças: brinquedo ou brincadeira?

Infância e brincar

> "Você só é jovem uma vez, mas isto pode durar uma vida inteira."
> *Vik Muniz*[1]

Para falar de brincadeiras, de brinquedos e do brincar gostaria de começar pelo grande mote que nos inspira para esta "conversa" que é a criança, que tem uma natureza singular, que tem seu jeito próprio de ver o mundo e de maneira bem peculiar procura entendê-lo; criança que tem sentimentos, desejos e que, à conforme estabelece interações com outras crianças e com os adultos, revela o que compreende deste mundo; criança que não é cidadão do futuro e sim do presente, que é também cientista na medida em que sua curiosidade a ajuda a levantar hipóteses, a fazer investigações, a pensar em novas estratégias e a fazer novas descobertas, que tem suas especificidades, que também é ator ou atriz, não é mera coadjuvante e sim protagonista de suas ações; uma criança que usufrui da cultura e do meio social em que está inserida e que também produz cultura.

---

[1] Artista plástico brasileiro.

Ao brincar, as crianças descobrem o mundo, vivenciando regras, experimentando diferentes ações, como decidir, escolher, comandar, produzir com os amigos, perder ou ganhar. Tudo isso promove também o crescimento emocional e social.

Brincar dá asas à imaginação, que não tem hora e lugar para acontecer, que é gratuito e fonte inesgotável de prazer. Brincar é fundamental para o desenvolvimento da criança, pois desse modo desenvolve as capacidades de imitação, atenção, memória, imaginação, socialização e integração.

Primeiras brincadeiras da mãe com a criança

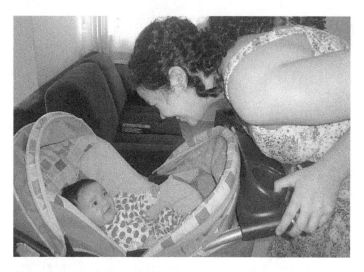

Brincadeira entre mãe e bebê
Fonte: Arquivo pessoal da autora

As crianças não nascem sabendo brincar: é na relação com os outros que elas vão constituindo esse entendimento. É na interação com a mãe, a primeira parceira da criança, que descobrem as primeiras brincadeiras, como a de se esconder com a roupa da criança antes de vesti-la para causar risos, os jogos de onomatopeias para acalmar o bebê enquanto o troca, uma cantiga para acalentá-lo, nos "galopes" que a mãe faz com a criança ainda pequena em seu colo para ser retribuída com sorrisos. É por meio dessas interações que a criança começa a entender o brincar como uma forma de linguagem.

"Brincar não é uma dinâmica interna do indivíduo, mas uma atividade dotada de uma significação social precisa que, como outras, necessita de aprendizagem" (BROUGÉRE, 1998).

Nenhuma criança brinca só para passar o tempo. Quando brinca, ela o faz sempre por um desejo de compreender e reconstruir o mundo. Nesse esforço, as crianças constroem conhecimentos sobre a realidade e vão se percebendo como indivíduos singulares perante os outros, constituindo-se como um EU diferente dos outros, ou seja, constituindo sua subjetividade, sua maneira de agir, sentir e pensar.

A capacidade de brincar descortina uma gama de pesquisas e de descobertas para a criança, de investigação e decifração das perguntas que tem sobre o mundo. É uma linguagem de pleno movimento de corpo e mente, e também de quietude. Uma linguagem que tem jeito próprio de se comunicar e que, muitas vezes, não é compreendida pelos adultos, que há muito deixaram de "falar" com o corpo desse modo. Mas, mesmo sem ser entendido, o brincar precisa ser respeitado.

Quando brincam, as crianças estimulam os sentidos, exploram seu corpo adquirindo gradativamente domínio sobre ele, desenvolvem a oralidade, coordenam pensamento e ações, reelaboram hipóteses e informações, ampliam suas potencialidades, desenvolvem a imaginação e o pensamento, aprendem sobre as regras e a respeitá-las, exercem papéis diferenciados ora sendo heróis ora mocinhos e, acima de tudo, sentem prazer.

Para que as crianças brinquem, é imprescindível que não sejam impedidas de exercitar sua imaginação, pois é ela que permite relacionem seus interesses e suas necessidades com a realidade de um mundo que pouco conhecem. É um meio que usam para interagir com o universo dos adultos, e que só paulatinamente poderão compreender.

Para entender o brincar e a infância, é preciso voltar à infância, revisitá-la, abrir as gavetas da memória e observá-la como quem observa uma preciosidade, olhar com atenção, com lente de aumento, para ver o máximo de detalhes. Além disso, é preciso ter a inquietude das crianças, é necessário ver as crianças brincando e não só entregar-lhes um brinquedo enquanto arrumamos os armários ou preparamos algo.

Peço licença a Vik Muniz para completar sua citação com a fala de minha sobrinha que ao, ler a frase "Você só é jovem uma vez, mas isso pode durar uma vida inteira", completou: *"É claro, né tia? É só ter a cabeça de jovem!"*. Em sua sabedoria, ela está nos dizendo que só somos criança uma vez, mas isso pode durar uma vida inteira, é só mantermos vivos a menina ou o menino que há em nós, na sua inteireza, na sua simplicidade, no seu encanto e seu deslumbramento, na sua capacidade de recriar objetos, de inventar falas para as bonecas mudas, de dar potência ao carrinho mais simples ou de tornar-se um campeão de futebol com sua bola de plástico.

Diferentes brincadeiras e brincadeiras culturais

Fonte: Arquivo pessoal da autora

Conforme se desenvolvem, as crianças adquirem diferentes habilidades e competências em suas brincadeiras. Ao nascerem, são inseridas na brincadeira pelos adultos; em geral, as mães. "Não tem sentido afirmar que uma criança de poucos dias, ou de algumas semanas, brinca por iniciativa própria. É o adulto que, como destaca Wallon, por metáfora, batizou de brincadeira todos os comportamentos de descoberta da criança" (BROUGÈRE -1997).

Nos dois primeiros anos, a criança brinca pela simples satisfação de **exploração**: ela explora cores, texturas, sons, formatos; quer pegar as coisas, colocá-las na boca, jogá-las no chão e tornar a pegar. Vibra com os chocalhos, brinquedos e objetos que emitem sons. Encanta-se visualmente com os móbiles, objetos coloridos, colares, tecidos. Exploram o tato com diferentes texturas e formas e, assim, vai conhecendo um pouco do mundo.

Em seguida, as crianças passam aos **jogos de repetição** de ações exclusivamente físicas, como jogar um brinquedo no chão só para sorrir ou causar sorrisos, esconder-se repetidas vezes, sacudir um objeto, pular, correr.

Por volta dos dois anos já conseguem encaixar peças e objetos, montar e desmontar, empilhar, derrubar, entre outras ações, explorando os brinquedos com mais intencionalidade.

Enquanto brinca, seu conhecimento do mundo se amplia, assim como suas condições de pensamento. A criança começa a fazer de conta que é um animal, um príncipe, uma mãe, a irmã de determinada idade. É quando têm início as brincadeiras em que as crianças fantasiam, simbolizam, chamadas de **jogo simbólico ou faz de conta**, momento em que começam a criar situações imaginárias e em que se comportam como se estivessem agindo no mundo dos adultos. Essa brincadeira se inicia por volta dos dois anos ainda de maneira sutil, quando a criança apenas faz algumas ações imitando seu cotidiano, como cantar parabéns para um bolo de areia, ninar uma boneca, dirigir um ônibus organizado por cadeira. O faz de conta toma corpo por volta dos quatro anos, momento em que, diante de uma ação mental mais elaborada, começa a planejar suas brincadeiras. Muitas vezes, passa mais tempo planejando e organizando o espaço e os brinquedos do que na própria brincadeira em si. O faz de conta passa a ser um momento de elaboração de pensamento, de diálogo consigo (preciso pensar e, quando penso, dialogo com o meu pensamento), com os colegas colocando suas opiniões e escutando as do grupo e até mesmo com seus brinquedos.

Brincadeira de faz de conta
Fonte: Arquivo pessoal da autora

Por meio do faz de conta, as crianças podem exercitar sua imaginação e se permitir criar personagens ainda não imaginados pelo outro. Podem ser bruxas ou princesas, heróis ou vilões, podem, também ser a mesma princesa escolhida pela amiga, ou o pirata mais poderoso, mesmo quando o colega já escolheu ser.

Conforme crescem, os blocos de montar e de encaixe deixam de ser apenas peças para empilhar e derrubar individualmente e passam a ser utilizados na construção de pontes, casas, prédios e cidades também em companhia de outras crianças. É o início dos **jogos de construção.**

De maneira gradativa, entre três e sete anos, as crianças começam a participar dos **jogos com regras**, nos quais precisam respeitar regras de convivência e as regras da brincadeira, seja nos jogos com regras como em um pega-pega ou cabra cega, em jogos de tabuleiro ou em brincadeiras cantadas, como corre cutia.

Fonte: Arquivo pessoal da autora

Paralelos a esses jogos e brincadeiras, estão também os jogos tradicionais infantis, ou, como prefiro chamar, as Brincadeiras da Cultura da Infância. São aquelas brincadeiras que não têm origem definida, herdadas de diferentes gerações e transmitidas oralmente; aquelas passadas de pai para filho, de irmãos e colegas mais velhos para os parceiros menores.

Podemos citar aqui várias dessas brincadeiras: o famoso "Dois ou Um"; as amarelinhas, também chamadas de pula macaco em algumas regiões; as pernas de pau ou pé de lata; os bilboquês; as bolinhas de gude ou as chamadas brincadeiras cantadas, que trazem sempre uma melodia.

Fórmula de escolha

Fórmula de escolha é uma parlenda usada quando é necessário eleger uma criança para ser o pegador, dirigente de uma brincadeira ou posições na brincadeira de modo pacífico e sem conflitos.[2]

Assim que o grupo fala 'dois ou um', todos mostram, ao mesmo tempo, um ou dois dedos. Todos os que colocam um número de dedos diferente da maioria são eliminados.

Deve-se tirar 'dois ou um' até sobrarem apenas duas crianças. Elas decidem quem vence no par ou ímpar. ∎

O que está em questão em relação à diversidade de jogos e brincadeiras não é em nenhum momento dizer que um ou o outro é o mais importante para criança, mas que todos são situações primordiais para a constituição da criança como sujeito pela experiência que promovem (Figura 1.5), como Walter Benjamin sabiamente disse entre 1913 e 1932:

> "Um tal estudo teria, por fim, de examinar a grande lei que, acima de todas as regras e ritmos particulares, rege a totalidade do mundo dos jogos: a lei da repetição. Sabemos que para a criança ela é a alma do jogo; que nada a torna mais feliz do que o 'mais uma vez'...
>
> ...E, de fato, toda e qualquer experiência mais profunda deseja insaciavelmente, até o final de todas as coisas, repetição e retorno, restabelecimento da situação primordial da qual ela tomou o impulso inicial.

---

[2] <www.mapadobrincar.com.br>, acesso em 09/03/2012.

Para ela, porém, não bastam duas vezes, mas sim sempre de novo, centenas de milhares de vezes. Não se trata apenas de um caminho para assenhorar-se de terríveis experiências primordiais mediante o embotamento, conjuro malicioso ou paródia, mas também de saborear, sempre de novo e da maneira mais intensa, os triunfos e as vitórias.

... A essência do brincar não é um 'fazer como se', mas um 'fazer sempre de novo', transformação da experiência mais comovente em hábito.

Pois é o jogo, e nada mais, que dá à luz todo hábito. Comer, dormir, vestir-se, lavar-se devem ser inculcados no pequeno irrequieto de maneira lúdica, com o acompanhamento do ritmo de versinhos. O hábito entra na vida como brincadeira, e nele, mesmo em suas formas mais enrijecidas, sobrevive até o final um restinho da brincadeira". (Benjamin, 2002)

Fonte: Arquivo pessoal da autora

O tema brincadeiras é de fato muito vasto e, devido à sua amplitude, falarei mais detalhadamente neste livro apenas das brincadeiras culturais cantadas, aquelas de nossa infância, presentes até hoje em nossas lembranças.

Quem de nós, ao vasculhar o baú de lembranças e as memórias do tempo de criança, não se recorda de uma cantiga de roda ou acalanto, ou daquelas brincadeiras cantadas que sugeriam ações?

Por meio das brincadeiras da Cultura da Infância temos a oportunidade de proporcionar às crianças a possibilidade de viver sua própria cultura e modo de ser, inserir-se na cultura de sua família, de sua comunidade. No entanto, é cada vez maior o distanciamento dessas brincadeiras do universo infantil. As escolas brasileiras acabam não as apresentando como parte importante da nossa cultura. Enquanto algumas escolas bilíngues já reservam um espaço para a cultura brasileira, as próprias escolas brasileiras, presas aos seus conteúdos "formais", não permitem que a cultura infantil brasileira seja alimentada e mantida entre nossas crianças.

Muitas vezes, na busca por "novidades", acabamos por esquecer aquilo de maior essência em nossa infância e dizemos que as crianças não gostam mais dessas brincadeiras e que estão ultrapassadas, quando, na verdade, ninguém as apresentou para que se encantassem. É preciso ensiná-las às crianças, não pelo simples saudosismo, mas para as introduzirmos na nossa cultura, nossa essência, nossa história.

Há também uma enorme tendência a utilizar exercícios que trabalhem a coordenação motora, os movimentos, mas que não trazem nenhuma melodia. É preciso que a brincadeira e suas melodias sejam devolvidas às crianças, herdeiras por direito dessas músicas e desse cantar.

Cabe a nós trazermos essas músicas para a sala de aula, apresentando também as cantigas que seus pais e avós cantavam quando crianças.

Nas brincadeiras culturais cantadas, além de conhecer e vivenciar a cultura tradicional, as crianças podem viver a musicalidade com o corpo e a maravilha da diferença, pois, podem deliciar-se com a melodia e até apreciar algo diferente do escutado nos rádios, que geralmente trazem um mesmo ritmo. Ampliar o repertório de canções, ritmos e melodias é tarefa da escola e do professor.

Eleger brincadeiras do repertório cultural brasileiro é, acima de tudo, fincar raízes no nosso país, garantindo que as transmissões orais não se percam no meio do mundo moderno.

Brinquedo e brincadeira

Ao falarmos de brinquedo e brincadeira, logo nos remetemos à nossa infância, momento em que geralmente nos recordamos das brincadeiras, dos colegas que participavam conosco e dos brinquedos que eram ou não usados:

> "A minha primeira lembrança da infância é de como eu gostava de brincar na rua. Meus amiguinhos eram meninos. Eu brincava de pega-pega, mãe da rua, de bola... Às vezes brincava de bonecas, quando ganhava alguma, mas logo guardava, pois minha preferência eram as brincadeiras de agilidade. Lembro-me também de quando acabava a energia elétrica, ou quando chovia. Eu e meus irmãos brincávamos dentro de casa de cabaninha"
> Arlete dos Santos – auxiliar em educação.

> "Eu brinquei muito com meus irmãos. A primeira lembrança que me vem à cabeça é quando minha mãe passava cera vermelha no chão e nós, meus irmãos e eu, dávamos brilho em toda casa: um sentava no pano de chão e outro puxava, ou dançávamos com o pano embaixo dos pés. Ao cansarmos, o chão estava brilhando e nós estávamos exaustos e felizes".
> Edinalva Alves da Costa – auxiliar em educação.

> "Adorava quando meu pai me virava de cambalhota no ar e me fazia ficar como estátua, me levantando até a viga do teto da cozinha".
> Maria Cecília Zoboli Tanikawa – professora.

"Fui uma criança muito feliz nessa fase da vida. Tive uma infância maravilhosa: brincava de boneca e casinha todos os dias, fazia roupinhas para as bonecas, brincava de pular corda, cordão, jogava bola, andava de bicicleta, brincava de roda e de passa anel. Mas, o que mais me marcou foi quando aprendi a fazer bolo brincando, minhas amigas e eu, juntas, fomos fazer um aniversário da minha sobrinha, aí nos decidimos fazer nós mesmas o bolo. Cada uma de nós levou um ingrediente de casa. Foi engraçado, o bolo não ficou fofo, mas ficou gostoso. E, depois disso, nos reunimos todos os domingos para brincar de fazer "guisado", nome que dávamos à brincadeira de fazer comida no fogão à lenha que nós mesmas fazíamos"
Maria Josilene Arruda – auxiliar de limpeza

Nossa relação com o brinquedo começa logo ao nascermos, quando recebemos nossos primeiros brinquedos, os chocalhos, os bonecos de pano, os móbiles que o bebê tenta agarrar com as mãos e com os pés e, com isso, começa a aprender a brincar.

Ao falar em brinquedo, o que logo nos vem à mente são nossos brinquedos de infância, aqueles que nos dão saudade: resta um, pega varetas, corda, a boneca da época, entre tantos outros. Isso porque a criança estabelece uma relação íntima com o brinquedo, que se apresenta tanto como aquilo que motiva a agir, como algo que proporciona prazer.

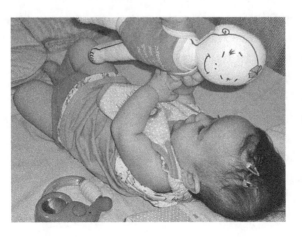

Fonte: Arquivo pessoal da autora

O brinquedo, muitas vezes, consegue provocar todos os nossos sentidos: tem cheiro, nos leva à experiência do tato, é atrativo visualmente. Não me refiro aqui aos brinquedos criados especialmente para contribuir com a visualidade, mas nos tantos estímulos visuais em que neles estão contidos. Também transmitem ou provocam sons enquanto brincamos, e não vamos nos esquecer do paladar, o gosto, seja do material de que é feito ou da sensação que provoca na boca.

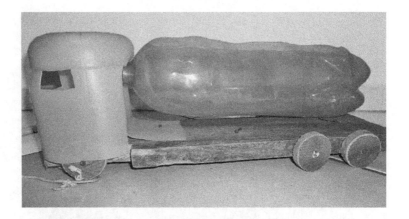

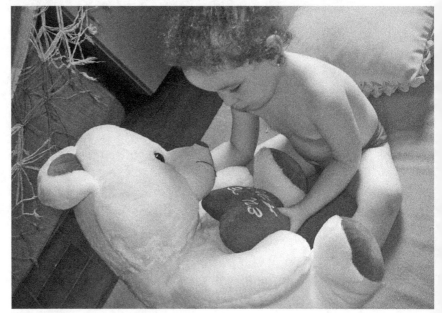

Fonte: Arquivo pessoal da autora

"Os brinquedos podem ser definidos de duas maneiras: seja em relação à brincadeira, seja em relação a uma representação social. No primeiro caso, o brinquedo é aquilo que é utilizado como suporte numa brincadeira; pode ser um objeto manufaturado, um objeto fabricado por aquele que brinca, uma sucata, efêmera, que só tenha valor para o tempo da brincadeira, um objeto adaptado. Tudo, nesse sentido, pode se tornar um brinquedo e o sentido de objeto lúdico só lhe é dado por aquele que brinca enquanto a brincadeira perdura. No segundo caso, o brinquedo é um objeto industrial ou artesanal, reconhecido como tal pelo consumidor em potencial, em função de traços intrínsecos (aspectos, função) e do lugar que lhe é destinado no sistema social de distribuição dos objetos. Quer seja ou não utilizado numa situação de brincadeira, ele conserva seu caráter de brinquedo, e pela mesma razão é destinado à criança" (BROUGÈRE, 1997).

Segundo Vygostsk o brinquedo é para a criança uma maneira ilusória de realizar desejos impossíveis. Um grande exemplo são os *video games*, os cavalos de pau, as bonecas ou os carrinhos de controle remoto.

Os objetos do dia a dia se transformam em brinquedos nas mãos da criança, mas eles só recebem outros significados durante a brincadeira, é ela que vai alterá-los. A criança usa critérios para suas escolhas: uma tampa de lata pode ser um volante ou um pratinho na brincadeira de casinha; uma escova de cabelo pode ser um microfone; uma caneta, uma varinha mágica; um colar pode ser uma cobra; um pano enrolado pode ser um bebê ou um lindo cabelo, se colocado na cabeça. É necessário que haja certa sintonia entre o objeto e a função que vai desempenhar, uma semelhança entre ele e o que vai representar. Por isso, uma cadeira jamais poderá ser uma boneca ou um botão, ser um revólver.

A representação é uma das formas de apropriação da cultura. Nela exige-se uma elaboração mental que marca a existência humana e, nesse sentido, o brincar, aliado a outras linguagens como o desenho, a linguagem verbal e a corporal, insere a criança na cultura e permite que ela não só se aproprie da cultura como também a produza.

Pensemos em uma festa: passamos muito tempo organizando os preparativos, sonhando e pensando em como será, o que iremos fazer... Essa atividade mental provoca nossa imaginação, a qualidade de fazer antecipações, de se planejar e é essencial para nosso aprendizado.

Com a imaginação, os objetos criam vida. Por meio deles, as crianças são capazes de realizar desejos e experimentar ações nas quais veem os adultos envolvidos, como alimentar as bonecas, ser a princesa ou o herói, por isso são tão especiais e únicos. Eles integram a brincadeira de faz de conta. Servem como cenário e figurino, quando não são os próprios protagonistas da conhecida frase: "Agora eu era...".

Com a imaginação, os objetos criam vida.
Fonte: Arquivo pessoal da autora

Na brincadeira, o que mais importa é a ação, o processo e não os resultados. É no processo vivido que as crianças podem se descobrir, investigar e pensar sobre o mundo; lidar com sentimentos como tristeza e alegria, medo, frio na barriga, coragem; experimentar sensações como o suor que escorre após uma corrida ou a aceleração de seus batimentos cardíacos.

A brincadeira depende dos contextos culturais e sociais em que a criança está inserida, de imaginação, de vivências, de temas, circunstâncias espaciais e tempo suficiente para que se aproprie desta experiência.

As crianças brincam de acordo com o que vivenciam e conhecem do mundo. A brincadeira é permeada e influenciada pela cultura de cada região e de cada família. Uma mesma boneca, por exemplo, proporciona diferentes brincadeiras a crianças que vivem na praia ou no interior, em meio urbano ou rural, pode ser usada diferentemente por meninos e meninas e estará carregada dos sentidos e significados de cada família, de cada criança.

> "A consideração das crianças como actores sociais de pleno direito, e não como menores ou como componentes acessórios ou meios da sociedade dos adultos, implica o reconhecimento da capacidade simbólica por parte das crianças e a constituição das suas representações e crenças em sistemas organizados, isto é, em culturas." (SARMENTO, 1997, p.20)

Essa concepção de criança deixa claro que, enquanto ser único com identidade e subjetividade próprias, ela produz culturas únicas, diferentes, em diversos ritmos, de diferentes formas. Assim, as crianças não produzem apenas uma cultura infantil, mas **culturas infantis**.

Dentre as inúmeras possibilidades de produzir cultura, um dos meios mais presentes na vida da criança é o brincar. É brincando que a criança recria o que entende do mundo e o transforma em cultura lúdica.

Segundo Brougère (2004), "A cultura lúdica é, antes de tudo, um conjunto de procedimentos que permite tornar o jogo possível e é composta de um certo número de esquemas que possibilita iniciar a brincadeira, já que se trata de produzir uma realidade diferente daquela da vida quotidiana.

A cultura lúdica não está isolada da cultura geral, ela se apodera de elementos da cultura do meio ambiente da criança para aclimatá-la ao jogo."

As brincadeiras fazem parte do patrimônio lúdico de uma cultura, traduzindo valores, costumes, forma de pensamentos e aprendizagens. Os jogos e as brincadeiras fornecem à criança a possibilidade de ser um sujeito ativo, construtor do seu próprio conhecimento, alcançando progressivos graus de autonomia frente às estimulações de seu ambiente.

Durante as brincadeiras, as crianças podem conviver com diferentes sentimentos, sensações, expressões, com as diversas maneiras de ser e agir de cada participante, atuam e encontram formas de compreender o mundo, de realizar ações que as ajudam a entender as pessoas, das relações com os outros.

> "A brincadeira é uma atividade que se distingue das outras no sentido de que não deve ser considerada de modo literal. Nela se faz de conta, ou melhor, o que se faz só tem sentido e valor num espaço e em um tempo delimitado."
> (Brougère, 2004)

É preciso ter presente a ideia de que a pessoa é sempre uma unidade, de que a divisão entre corpo e mente é um constructo do Iluminismo. Assim, é possível reconhecer as diversas aprendizagens que a brincadeira suscita: promove o movimento, além da interação, socialização, estímulo dos sentidos, aquisição de novas habilidades, entre outros.

Brincar, seja de faz de conta, com jogos de construção ou de roda, é uma linguagem importante que as crianças utilizam para compreender e fazer parte do mundo. Uma linguagem em que o movimento, a oralidade e a imaginação se encontram.

Importância da brincadeira na infância (cultura da infância)

> "Toda criança que brinca se comporta como um poeta, pelo fato de criar um mundo só seu, ou, mais exatamente, por transpor as coisas do mundo em que vive para um universo novo em acordo com suas conveniências."
>
> Sigmund Freud

Há muito tempo existe um discurso pedagógico sobre a importância do brincar como algo relevante para a criança. No entanto, ainda é comum existirem equívocos quanto ao seu entendimento como fonte inesgotável de aprendizagens e, por isso, muitas vezes procura-se formatá-lo como instrumento de ensino, deixando de lado o mais importante da brincadeira: ser uma atividade sem um fim específico, com prazer em si só. Um exemplo disso é o uso de jogos com regras – como os de memória, bingo, entre outros – para se ensinar algo, onde prazer de jogar e estar entre amigos acaba em segundo plano, às vezes inexiste. Há um grande desejo dos adultos de que as crianças memorizem números, letras, saibam fazer antecipações e contar, que a essência do brincar acaba desaparecendo.

Em muitas instituições de educação infantil, os brinquedos ficam expostos como decoração, deixando de servir como suporte para aprendizagens e descobertas das crianças. Há caixas com *kits* para brincadeiras de faz de conta impecáveis, mas estão geralmente no alto, longe do alcance das crianças. E, quando as crianças podem usá-los, muitas vezes, o brincar acontece de maneira conduzida: "agora faz assim, segura a boneca deste jeito", "este brinquedo se usa assim...". E os brinquedos novos, quando existem, ficam guardados nos armários para evitar que sejam estragados, perdendo sua função.

Ter um amontoado de brinquedos não é garantia de que o brincar aconteça. Nem sempre precisamos de brinquedos, mas de imaginação. Imaginamos a montaria no cavalo, a construção de um prédio, a escalada da montanha, a entrada triunfal em um castelo, o leite de nossa boneca ou a fuga de uma bruxa.

Ter um amontoado de brinquedos não é garantia de que o brincar aconteça.
Fonte: Arquivo pessoal da autora

"O brinquedo parece ser um dos meios de introduzir a brincadeira, de construir esse espaço do segundo grau, do faz de conta, mas também de caráter frívolo. E não se pode esquecer que ele envolve, para se tornar objeto da brincadeira (e não simplesmente do ambiente), a decisão da criança de brincar.

Efetivamente, o brinquedo não pode impor-se na brincadeira sem essa decisão de quem brinca de interagir com ele. Esse é o primeiro traço da dinâmica de quem brinca. Um brinquedo não pode brincar sozinho, como uma televisão pode transmitir imagens mesmo quando o espectador não olha para ela. É preciso que um 'brincador' em potencial o solicite, eventualmente o explore para descobrir o que pode fazer com ele". (Brougère, 2004)

A brincadeira é considerada uma atividade de segundo grau, pois não é uma atividade na vida comum, que utiliza subsídios da vida cotidiana. A criança não é um pirata, apenas faz de conta que é, ela não constrói prédios, mas os representa por meio dos brinquedos.

Quem é que nunca foi surpreendido por crianças que deliram com as caixas e embalagens de presentes que acabam de ganhar, muito mais do que com o brinquedo em si? Para a criança pequena atribuir sentido a um objeto, é necessário que ele possa desempenhar alguma função no ato de brincar.

Na correria do dia a dia, com as demandas das outras áreas de ensino, muitas vezes, o professor acaba regrando o brincar, delimitando espaços e até horários, apenas em função de objetivos pedagógicos. E brincar passa a ter dia marcado: *"Hoje é dia do brinquedo!"*, *"Sexta é o dia predileto dela na creche porque ela pode levar brinquedo"*.

É preciso garantir tempo e espaço para a brincadeira na escola, não com prêmio de bom comportamento: *"Só vai brincar quem se comportou"*, mas porque o lúdico suscita, desperta, é condição do humano.

A brincadeira é importante porque, além de ser uma linguagem, é forte aliada da construção do pensamento, da aprendizagem. Contribui para a ampliação dos movimentos, gestos e falas das crianças, favorece a interação, a construção e a perpetuação da cultura.

Brincando as crianças não só conhecem a cultura em que vivem, como também produzem culturas infantis. Para constatá-lo é só observar como uma mesma brincadeira pode ser diferente em diversas regiões ou o quanto as crianças modificam e atualizam constantemente seu jeito de brincar, tanto com os brinquedos que utilizam, como na maneira em que participam da brincadeira.

A escola é um espaço de diferentes crianças, cada uma com as suas especificidades, subjetividade e identidade e, portanto, vindas de culturas familiares diferentes. A escola é espaço de diversidade. É brincando na escola que as crianças podem descobrir a maravilha da diferença! ▪

2 Inteira ação... Para que a brincadeira aconteça...

O lugar da brincadeira nas creches e escolas de educação infantil

Brincadeira se aprende? Brincadeira se ensina? Como? Coisas simples como imitar um cavalo, correr pelo pátio utilizando capas, ninar uma boneca ou dar a mão aos colegas numa brincadeira de roda podem ser situações carregadas de muito sentido para as crianças. Poder observá-las, acompanhá-las e escutá-las para auxiliá-las a formular novas experiências-conhecimentos a partir dessas brincadeiras tem sido o nosso maior desafio enquanto professores.

Por meio do olhar e mediação do adulto, as brincadeiras podem tornar-se o carro chefe de possibilidades de interação, oportunidades de descobertas sobre si e o mundo, a sociedade, o jeito de ser e falar de sua comunidade.

Para que a brincadeira ocupe verdadeiramente seu lugar nas creches e escolas de Educação Infantil, é necessária uma INTEIRA ação do professor. Isso significa permitir que ela aconteça de fato e que não seja apenas um prêmio por bom comportamento ou uma atividade extra para quem termina suas "lições" antes dos colegas da turma. É preciso garantir um espaço adequado e tempo suficiente para que as crianças possam ter a liberdade de entrar e sair quando quiserem, se organizar, expor suas tensões, se entusiasmar, inquietar, mudar de local, de brincadeira, de parceiros, de ideia.

Fonte: Arquivo pessoal da autora

A brincadeira é um espaço favorecedor de escolhas. Nele, as crianças tomam decisões o tempo todo, tarefa difícil para muitas pessoas adultas. Ao brincar determinam o que cada um fará na brincadeira e como irá brincar.

Brincar é cultural, portanto se aprende e se ensina a brincar, não como um conteúdo a ser dado: "*Agora segura a boneca assim, depois comece a balançar*", mas como algo que deve ser mediado em um cenário organizado pelo professor, planejado com cuidado, pensado, discutido e que seja convidativo à criança.

O ato de brincar é uma ação espontânea, pois só é verdadeiro se for "alforriado" e permita que a criança tenha livre escolha para decidir ações como brincar ou não, como será sua participação na brincadeira, até que momento brincar, com quem prefere brincar. Mas o professor pode e deve mediar e proporcionar novas situações de brincadeiras e trazer elementos para aprimorar o brincar de seu grupo. Se ele percebe, por exemplo, que seus alunos apenas brincam de um determinado tipo de brincadeira, pode não só trazer variáveis dessa brincadeira, como também apresentar novas experiências.

Professor proporcionando nova situação de brincadeira ao aluno.
Fonte: Arquivo pessoal da autora

O importante é que essa proposta seja como um convite e não uma convocação. Não podemos impor a brincadeira, este ou outro jeito de brincar; podemos, sim, propor brincadeiras, organizar situações e cenários de modo que as crianças possam tomar suas decisões, até mesmo se querem brincar ou não, e que, neste momento, possam agir de maneira transformadora e criadora.

Quando planejamos situações de brincadeiras precisamos ter clareza de quais são nossos objetivos, que experiências queremos que as crianças adquiram - vivenciem. Brincar não é um ato natural, pelo contrário, é aprendido na sociedade, e permeado pela cultura, e é, sim, fruto de aprendizado. É da natureza humana brincar, no entanto, só aprendemos a brincar na relação com o outro; cada cultura dá um sentido diferenciado aos jeitos de brincar, do que brincar, como brincar, quais são os sentidos e os símbolos de cada brincadeira. Aprendemos a brincar desde a mais simples brincadeira com o chocalho às grandes representações do faz de conta, passando pelas habilidades dos jogos de regras.

As crianças brincam diferente em cada país, cidade, bairro, escola e até mesmo em cada família. Nesse sentido, brincar é fruto de aprendizagem, pois aprendemos a brincar de acordo com nossa cultura.

É indispensável considerar, em nossos planejamentos, em maneiras de potencializar a atividade lúdica da criança; é preciso olhar e registrar suas ações, refletindo e buscando maneiras de alimentar a brincadeira.

Não é porque é a atividade principal da criança que ela aprenderá tudo brincando, não é o tempo que se destina a ela o mais importante, e sim a intensidade, o "tempo" no sentido de entrega, de preparar-se para, encantar-se com, descobrir-se na e com a brincadeira.

Reservar um tempo gigantesco para a brincadeira e apenas dispor um amontoado de brinquedos, despejando muitas vezes uma caixa com vários deles misturados e quebrados no chão, sem oferecer a companhia, mediação e intervenção do professor, é não dar lugar ao brincar.

Muitas vezes, é melhor meia hora de brincadeira bem vivida do que duas horas de jogos com peças misturadas, por exemplo, ou apenas disponibilizar brinquedos, sem acompanhar o uso que se faz deles.

Para brincar, não basta termos brinquedos, é preciso tempo, garantir que a brincadeira esteja presente no cotidiano, que seja pauta das reuniões de professores, que seja planejada. Só se aprende a brincar, brincando. É preciso que cada professor passe a ter um olhar cuidadoso, delicado, uma escuta atenta às crianças e suas brincadeiras e que passe a conduzir essas ações como parte integrante do processo educativo de fato.

Embora muitos professores e escolas ainda não tenham se dado conta, ao escolher os brinquedos e o lugar que reservamos para a atividade, nós, professores, explicitamos nossos objetivos em relação ao brincar. Quando propomos brinquedos de péssima qualidade que quebram no primeiro momento de uso, estamos apontando o quão pobre pensamos o brincar. Não precisamos de brinquedos caros, mas de brinquedos de qualidade, resistentes, adequados, pensados para o grupo e a faixa etária.

Assim como selecionamos livros de qualidade para nossas crianças, precisamos também selecionar os brinquedos pela faixa etária, pensando, por exemplo, no tamanho das peças, nas preferências das crianças, nas suas necessidades, no que queremos que vivenciem. É preciso pensar em quais brincadeiras são adequadas a cada faixa etária, como alimentar esse brincar, como intervir ou não.

E quais poderiam ser essas experiências? O que podemos esperar que aconteça em situações de brincadeiras pensadas, discutidas, revisitadas? O que posso proporcionar de vivências para as crianças?

São inúmeras as possibilidades de experiências. Com um planejamento bem feito, é possível, por exemplo:

- Contribuir para a ampliação dos gestos e falas das crianças durante a brincadeira.

- Possibilitar o desenvolvimento das diversas linguagens verbal, corporal, artísticas.

Ao permitir que a brincadeira seja assunto de discussões nas instituições, precisamos ter clareza que o brincar pode estar presente tanto nas situações espontâneas, – aquelas situações que acontecem por iniciativa de uma ou mais crianças –, como naquelas que são planejadas e proporcionadas pelos professores. Ambas são importantes para o desenvolvimento e a perpetuação do brincar nas escolas. Nenhuma é melhor ou pior do que a outra desde que permitam uma atividade voluntária (mesmo sendo proposta, não pode ser por meio de uma intimação), livre de ações, que permitam movimento, mudanças, decisões, o caráter de incerteza e sejam prazerosas.

É preciso que o professor valide as brincadeiras que acontecem espontaneamente, sendo flexível em seu planejamento, permitindo que ganhem força e não sejam tratadas clandestinamente. É necessário colocar os olhos nesses momentos, observando seus critérios de escolha, suas falas, o que utilizam, como se organizam, como lidam com as tensões provocadas durante o brincar. Tensões, sim, pois não é pelo fato de ser prazeroso que não ocorram conflitos, medos, ansiedade, sentimentos presentes. Somente observando o que a crianças inventam, podemos saber sobre elas, sua maneira de entender e interpretar o mundo.

Fonte: Arquivo pessoal da autora

É nas brincadeiras que descobrimos como se organizam e como resolvem seus conflitos sem a presença direta do adulto. Digo direta porque o professor participa de maneira indireta, pois, embora não atue como "personagem" no faz de conta, ou como competidor em um jogo, o professor já participou/fez intervenções ao

...nteira ação... Para que a brincadeira aconteça...

dispor materiais e espaço necessários para a criação. É utópico pensar que as crianças farão grandes criações em enormes pátios e quadras vazias de materiais e de incentivos. Vale ressaltar que incentivos, nesse caso, podem ser desde os objetos e brinquedos concretos como bonecas, carrinhos, sucatas, até os brinquedos cantados, as brincadeiras da cultura da infância ensinadas pelos professores, como rodas e brincadeiras de pegar.

Além das brincadeiras inventadas, é necessário também observar como lidam com as brincadeiras ensinadas ou aquelas em que o cenário organizado as promove, porque o brincar não surge do nada. Ele é fruto de um disparador, que pode ser um objeto, brinquedo, espaço que suscite ações, ou pela proposta do professor. Isso mesmo, a brincadeira não deixa de ser interessante apenas porque o adulto a propôs; o que a deixa desinteressante é a impossibilidade de movimento, de ação física e de elaboração mental.

As brincadeiras inventadas pelas crianças não só podem ser validadas, como também podem ser compartilhadas com o restante do grupo a partir do planejamento do professor.

As crianças fazem assim...

Veja um exemplo abaixo nos trechos de diários de uma professora de um grupo com crianças na faixa etária de dois anos:

"As brincadeiras cantadas começaram a acontecer ainda no período de adaptação. Aproveitando o final da roda de história começamos a cantar 'Olha o camaleão!' (do CD *Abra a roda tin dô lê lê*[3]) e, desde então, percebemos o quanto esse grupo adorava cantar e dançar, e como as crianças poderiam ser aliadas para constituir o grupo. Acredito que as brincadeiras

---

3 Abra a roda tin dô lê lê – Pesquisa e direção Lydia Hortélio – Participação Especial Antonio Nóbrega.

são fortes aliadas não só no período de adaptação, como pelo prazer de estar junto, ouvindo alguém cantar ou arriscando-se a cantar alguns trechos.

Uma das brincadeiras prediletas do grupo é o Acorda Urso. A ideia, a princípio, era só criar um cantinho diferente com o pano disposto no chão, mas ao ver o grupo se deitando no pano, não pude perder a chance e começamos a brincar. Passei a utilizar essa brincadeira sempre que queria juntar/unir o grupo. É muito gostoso vê-las correndo atrás da gente a fim de nos pegar, embora seja uma brincadeira um pouco exaustiva, afinal elas não cansam de dar voltas atrás das professoras!

O convite à brincadeira foi ocupando nossas manhãs. Primeiro arriscamos um ônibus modesto, tímido, acanhado, daqueles que a gente monta com medo de dar errado; as crianças foram sentando, pegando suas direções, mas só curtiram mesmo quando me sentei com elas e comecei a imitar o barulho dos motores.

Esse ônibus foi virando nosso elo para a entrada durante as manhãs. Arranjamos volantes mais "adequados" feitos com pratos, ou cartonados, montamos nosso veículo em um espaço maior e mais crianças foram se agrupando.

Possibilitar brincadeiras em grupo era o nosso jeito de acolher as crianças, era o colo possível e prazeroso para que desenvolvessem mais confiança em nós, adultos, e em seus colegas de classe.

Acredito que esse é uma das maneiras de cuidar, afinal acredito que não é só do colo físico que os pequenos precisam. Com jeito singelo mostramos que esse é um espaço seguro, acolhedor e que em um grupo com mais crianças, esse é o nosso colo simbólico.

As nossas expressões, o que falávamos, o jeito que encaminhamos cada procura da "Veia da Gudeia"[4] contribuiu

---

4 A história da Veia (Velha) da Gudeia é uma história de transmissão oral, contada em escolas e acampamentos. A Veia da Gudeia é uma figura assustadora, com a cara enrugada que vive numa gruta fedorenta e transforma todos em pedra.

gradativamente para a construção da tomada de consciência e oportunidade de subjetividade, além de nos apontar crianças cada vez mais seguras e autônomas, que puderam explorar e aproveitar seus potenciais cada um ao seu modo.

Tais "passeios" também favoreceram a interface das crianças em diferentes contextos linguísticos e promovem interações variadas (criança/criança, criança/adulto, crianças/ entorno).

Dentre todas as situações de aprendizagem orientadas, uma das que mais me apetecem é de fato os momentos das brincadeiras da cultura da infância. Nessas brincadeiras cantadas há uma voz que funciona mais como ritmo, melodia e entoação, que se figura ludicamente dentro de nossa subjetividade brincante e acho que esta é uma das grandes funções da escola, perpetuar e garantir a conservação dessa herança.

Outra brincadeira apreciada pelo grupo é o passeio com capas. Na verdade, a brincadeira é a coisa mais simples que alguém já inventou, colocamos as capas (pois eu também estou incluída), corremos de modo desenfreado até o banco de cimento próximo ao portão de entrada e voltamos até a classe.

As crianças incorporaram esse colocar de capas como um colocar de asas; para os pequenos essas capas são o instrumento para correr do lado externo. A impressão que tenho é de que as capas as auxiliam nos voos de super-heróis, pois, ao entrar na classe, guardam suas vestimentas ou até mesmo as soltam no chão, como se dentro da sala tal equipamento não fosse necessário."

Como pauta de discussão, também precisamos pensar que é responsabilidade do professor organizar diferentes espaços para que a brincadeira aconteça na área interna e externa de maneira intencional. A brincadeira, às vezes, ocorre do lado de fora das salas de aula e, neste espaço, as crianças utilizam capas como instrumentos de voo, são os heróis dos desenhos animados, as filhinhas que saem para fazer compras ou encontrar fadas Ali, podem carregar caixotes, rolar na areia, pisar na terra.

Fonte: Arquivo pessoal da autora

É na área externa que podem correr, pular, agachar, empurrar, pendurar-se, se equilibrar e consequentemente conhecer mais seu próprio corpo, suas reações e as sensações provocadas após correr ou fazer uma atividade mais agitada.

Fonte: Arquivo pessoal da autora

Brincar na área externa permite que as crianças não só aprendam novos jeitos de brincar, de conviver com outras crianças, mas também podem ampliar suas possibilidades de movimento, tendo cada vez mais domínio sobre seu próprio corpo.

Do lado de fora da sala, podemos garantir situações de brincadeiras voltadas à natureza e seus quatro elementos, permitindo que as crianças valorizem esse contato e reconheçam sua importância para a vida. Brincando na natureza, as crianças gradativamente passam a aproveitá-la de diferente maneiras, conhecendo-a em cada momento. Nos dias de chuva, brincadeiras mais tranquilas introspectivas, aconchegantes; dias de sol e calor, brincadeiras com água, saída para passear e brincadeiras mais agitadas, que possibilitam que as crianças percebam o vento essencial para os momentos de descanso e de tranquilidade, a refrescância da água, a energia da terra e aprendam a entender que fazemos parte da natureza. O mundo está precisando disso.

Brincando com a natureza, as crianças aprendem a conhecê-la
Fonte: Arquivo pessoal da autora

Paralelamente às brincadeiras na área externa, também possibilitamos aquelas que, acarinhados como em um casulo, ocorrem na sala; para isso as crianças recorrem a cantos de ações específicas, como ninar uma boneca em uma casinha, deslizar com seu carro em uma pista construída ou encaixar peças de um jogo de montar.

Quando podem brincar nos diferentes espaços, as crianças vivenciam jeitos diversos de se comportar e participar em cada momento, experimentando, pesquisando, adquirindo diferentes maneiras de se expressar, aprender e se relacionar.

Experimentar jeitos diversos de se comportar
Fonte: Arquivo pessoal da autora

O papel do professor: o que fazer? por que fazer? como fazer?

"Um galo sozinho não tece a manhã: ele precisará sempre de outros galos.

De um que apanhe esse grito que ele lançou e o lance a outro: de um outro galo que apanhe o grito que um galo antes lançou e o lance a outro; e de outros galos que com muitos outros galos se cruzam os fios de sol de seus gritos de galo para que a manhã, desde uma tela tênue, se vá tecendo, entre todos os galos.

E se encorpando em tela, entre todos, se erguendo tenda, onde entrem todos, no toldo (a manhã) que plana livre de armação.

A manhã, toldo de um tecido tão aéreo que, tecido, se eleva por si: luz balão".

João Cabral de Melo Neto

Pensar no papel do professor é pensar nos aspectos que precisam estar presentes nas discussões dos profissionais de educação infantil, como as interações criança-criança e criança-adulto, promovida pela brincadeira.

Brincar em grupo é muito mais do que um simples brincar: é se relacionar com o outro, experimentar algo novo por intermédio do outro e, acima de tudo, um momento prazeroso e afetivo. Descobrir-se capaz de participar e entoar uma cantiga, montar um jogo, escolher o próximo pegador da brincadeira são ações muito importantes para as crianças pequenas. No início dessas ações, ainda dependem muito da ajuda do adulto ou de outras crianças e, com constância, conseguem adquirir novas habilidades.

Na interação com as crianças mais velhas, com parceiros "mais experientes", as crianças, desde bebês, observam ações e, pela imitação, as reproduzem e vão gradativamente se incluindo na sociedade e nos jeitos de ser de cada cultura.

Brincar em grupo é muito mais do que um simples brincar.
Fonte: Arquivo pessoal da autora

A interação tem relação direta com a aprendizagem; quando se relacionam com outras crianças, aprendem muito de cidadania, infelizmente tratada como se fosse um conteúdo isolado nas escolas.

A interação tem relação direta com a aprendizagem
Fonte: Arquivo pessoal da autora

Pela interação promovida pelo brincar, as crianças podem não só conhecer, se relacionar e saber mais sobre o outro, como também aprender a respeitar as decisões desse outro, entendendo que para viver em grupo é preciso não só apontar nossos quereres como também respeitar o querer do outro; entender, por exemplo, que se o colega não quer brincar ou prefere brincar com outras crianças naquele momento, não encerra a amizade; é preciso reconhecer que ele também tem suas vontades, pode se relacionar e aprender com outras crianças; em vez de subtrair, podem multiplicar, ampliar, diversificar.

Na relação com o outro, podem saber muito dos seus desejos e como controlar seus impulsos; podem falar e escutar, explicar, perguntar, ajudar.

Por meio das interações promovidas pelo brincar, as crianças aprendem as regras importantes, como esperar sua vez, respeitar a opinião e o desejo do outro, não tomar o brinquedo alheio, pedir em vez de tomar, conversar, dialogar para tentar achar uma solução, expor sua vontade e também aceitar a vontade do outro, se expor numa brincadeira em que isso se faz necessário, suportar que o outro também se exponha. Quando isso é garantido como experiência, cartazes com regras se tornam desnecessários, pois elas são internalizadas, adquirem paulatinamente uma consciência coletiva. Isso é chamado educar para a cidadania.

As crianças fazem assim...

"Reunir-se em roda para cantar uma canção, imitar gestos e dançar é uma das atividades que as crianças mais apreciam. Às vezes, basta apenas um convite: 'Vamos brincar de Maria Madalena' para que deem as mãos e comecem a cantar. Algumas crianças extremamente tímidas no início do ano podem se encontrar na música e nas brincadeiras e, de um jeito bem prazeroso, lidar com isso.

Muitas vezes, as brincadeiras são momentos particulares do grupo. Em outras situações ocorre por convites ou por interesse próprio; crianças de outros grupos se juntam a nossa turma para participar. Essas interações permitem que tenham contato com crianças mais velhas e adultos diferentes dos que estão habituados e, nessa relação, além de aprender a brincar, descobrem um pouco mais sobre os outros e sobre si mesmas."

Pelo brincar, as crianças, podem aprender sobre si, o outro e a importância que o outro tem para si e vice-versa.

Fonte: Arquivo pessoal da autora

nteira ação... Para que a brincadeira aconteça...

O professor também precisa repensar e se reafirmar como mediador da criança na cultura lúdica, no brincar enquanto apropriação e produção de cultura. Precisa pensar nos brinquedos que organiza e dispõe e como estes estão carregados de significações ou não para as crianças. O que ele afirma ao dispor apenas um tipo de boneca? Por que apenas selecionar materiais e objetos em um *kit* de salão de beleza para apenas um tipo de cabelo? Por que casinha é apenas brincadeira de meninas? Por que brincadeiras mais agitadas são para os meninos? Essas e outras perguntas precisam estar presentes quando afirmamos a importância da cultura na brincadeira e da brincadeira para produzir cultura.

Quando refletimos sobre o brincar, devem estar presente questões como:

- Quais brinquedos selecionar para o grupo de crianças nas diferentes faixas etárias e na especificidade de cada grupo?

- Qual a variedade de brinquedos necessária?

- De que maneira utilizar os diferentes brinquedos?

- Como apresentar/introduzir os brinquedos no dia a dia?

- Como alimentar as situações de jogos, do faz de conta, das brincadeiras culturais?

- O que fazer quando uma criança insiste em não brincar?

- Apenas a brincadeira em grupo é importante?

- O que as crianças podem aprender durante a brincadeira?

- Como organizar o espaço?

É papel do professor garantir a construção de um cenário, de um ambiente lúdico que permita e estimule a criança a brincar.

Quando planeja e organiza este espaço, o professor valida para o grupo a importância que atribui ao brincar e às situações lúdicas.

É preciso pensar no papel do professor também pela ótica do registro, da observação, documentando por meio da escrita, de fotografias e de filmagens como o brincar acontece, as descobertas do grupo, as conversas após as brincadeiras, as reflexões do professor. Pautado nesses instrumentos, o professor pode planejar situações para enriquecer os momentos de jogos e brincadeiras.

É papel do professor garantir a construção de um ambiente lúdico que permita e estimule a criança a brincar.
Fonte: Arquivo pessoal da autora

O professor durante as brincadeiras precisa estar tão presente que possa haver sua intervenção quando necessário, garantindo a continuidade ao notar que as crianças precisam de novos desafios para alimentar a brincadeira.

Ao observar como as crianças atuam, o professor tem condições de saber se determinada criança depende muito da presença do adulto, se traz subsídios do que conhece e do seu dia a dia, se interage com outras crianças etc.

Como parte do planejamento, cuidar da preparação do espaço/ambiente-cenário, por sua importância como terceiro educador e das criações que as crianças conseguem fazer quando tem um espaço pensado, elaborado previamente. Nessa preparação, se faz necessário selecionar o maior número possível de brinquedos e materiais que acendam o desejo de explorar o tema e ampliem as condições das crianças nas brincadeiras.

Consideramos que o espaço é um terceiro educador porque ele nunca é neutro; além de ser um cenário para a aprendizagem, o espaço pode favorecer ou dificultar as descobertas das crianças. É papel do professor decidir usá-lo ou não a seu favor.

À medida que as crianças crescem e estão mais familiarizadas com as brincadeiras, é importante que elas atuem contribuindo com hipóteses sobre o melhor uso do espaço e dos materiais, e que possam organizar, em algumas situações, o espaço para brincarem.

Ao organizar o cenário, o professor deve se ater aos desafios e às possibilidades do grupo, de modo que o cenário proporcione o brincar e não seja uma mera decoração.

Ao montar os espaços para as brincadeiras de faz de conta, culturais e exploratórias, o professor pode fazê-lo de modo que as crianças tenham uma maior diversidade de interações. Por exemplo, se percebe que as crianças se escondem sempre no mesmo lugar, pode criar desafios de modo que tenham que procurar outras opções de esconderijo; ou montar uma casinha com mais cômodos, se observa que as crianças fazem apenas comidinhas etc.

Quando digo organizar o espaço, não falo apenas na hora da brincadeira acontecer, mas também no espaço que acomoda os brinquedos e objetos utilizados na brincadeira. A maneira como organizo minhas caixas de brinquedos, meus *kits* de brinquedos e como os separo também revela como concebo o brincar.

Assim como nas organizações de nossos armários, de lojas ou supermercados, é preciso que os brinquedos estejam arrumados de modo criterioso: panelas com panelas, jogos com jogos, fantasias com fantasias, de acordo com o tema. Separar brinquedos quebrados dos brinquedos usuais também demonstra nosso cuidado, pois brincar não é qualquer coisa, precisa ser revisitado sempre.

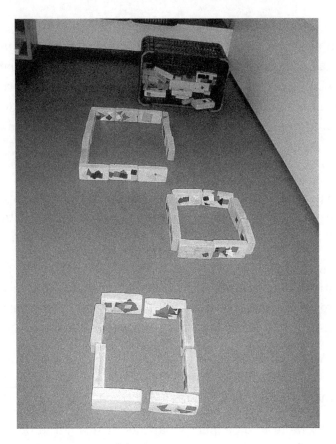

Fonte: Arquivo pessoal da autora

Envolver as crianças nessa tarefa estabelecendo regras de uso, de cuidados de arrumação, convocando-as a guardarem conosco os brinquedos após o uso, é uma atividade bastante importante. Nessa medida, estamos informando que precisamos cuidar do que é de uso coletivo, que outras crianças irão brincar e precisam encontrar o espaço e objetos em ordem e em perfeito estado. Em nossa vida, o fogão não fica ao lado da cama, nem os produtos do supermercado ficam amontoados no chão; é preciso selecionar, separar, guardar, arrumar de modo que encontrem facilmente o que desejam.

Criar um cenário proporciona que em vez de brigas, de brinquedos jogados e amontoados, as crianças criem e exerçam sua cultura lúdica.

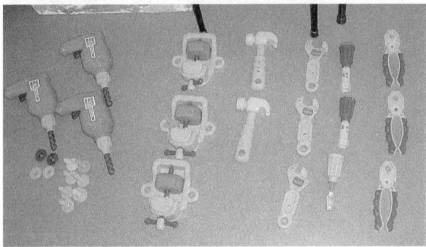

Brinquedos organizados, criando um cenário.
Fonte: Arquivo pessoal da autora

Quando planejamos, partindo da ótica da criança, respeitando uma criança que se movimenta, que é corpo e mente, também organizamos nosso espaço, garantindo que elas possam se movimentar livremente, mesmo nos jogos mais contidos.

Fonte: Arquivo pessoal da autora

A intervenção, muitas vezes, também precisa ser direta, como auxiliar a criança na escolha de utensílios para incrementar o brincar ou participar da brincadeira quando as crianças se recusam a exercer determinados papéis, até que se sintam mais confortáveis. Ela se faz necessária para ampliar as condições do grupo, propondo ações que, por ventura, sozinhas as crianças ainda não saibam como; por exemplo, dizer: *vamos olhar no mapa onde está escondido o baú?*

A participação do professor é importante, pois permite que as crianças ampliem suas condições na brincadeira nos diferentes assuntos (casinha, passeios, jogos etc.), ampliem seus gestos e linguagem verbal, entre outros tantos ganhos.

Com a constância das brincadeiras, as crianças adquirem muitas condições para que, sozinhas, também possam inventar outras ações; no entanto, não podemos esquecer que essas brincadeiras são para as crianças e não para os adultos, e evitando que nossas intervenções determinem as ações das crianças.

O professor necessita observar a brincadeira dentro da perspectiva das crianças; ela é importante por si só e não para chegar a algum resultado. O que queremos que as crianças aprendam nas brincadeiras? Que aprendam a brincar, que brinquem! Precisamos ter ciência de que, mesmo em situações planejadas, as brincadeiras são envolvidas por incertezas; não sabemos como terminarão, pois as crianças não são meros robôs e é aí que está a beleza do brincar.

Observar a brincadeira ajuda a planejar
Fonte: Arquivo pessoal da autora

Brincar é algo que se aprende e que podemos ensinar não como um livro de receitas com medidas exatas e precisas, mas como aquele bolinho frito no final da tarde em que, com os ingredientes que temos em casa, vamos dosando a quantidade de acordo com o andamento da massa.

Quando o adulto se inclui nas brincadeiras e tem uma INTEIRA ação não só na interação, mas no que organiza, dispõe, veicula, seleciona pode proporcionar bons ganhos nas brincadeiras das crianças como:

- Criar e ampliar os contextos das brincadeiras, sejam nos jogos, no faz de conta, nos brinquedos cantados etc.

- Ampliar as possibilidades de ações e participações das crianças: auxiliar quem não consegue, entender a atuação de cada um, ajudar quem também não cede etc.

- Observar as parcerias estabelecidas entre as crianças, auxiliando a consolidação e a diversificação destas parcerias.

- Participar, especialmente das brincadeiras de faz de conta, para enriquecer as narrativas orais de seu grupo de crianças durante a brincadeira (basta observar como as crianças incorporam nossas falas).

- Participar para possibilitar a ampliação dos gestos e dos movimentos das crianças.

- Observar as relações que fazem com outras brincadeiras, com o cotidiano, com o que conhecem.

- Observar a relação que a criança estabelece entre um dia e outro, com a mesma brincadeira.

Nessas situações de brincadeiras e em tantas outras do cotidiano, também estão presentes as relações entre o cuidar e o educar; o cuidar no sentido de atenção ao outro, de zelo, de afeto, acolhimento e não somente ações de higiene e alimentação como muitos tendem a pensar.

Podemos dizer que, ao incorporar o brincar como assunto a ser discutido nas reuniões de professores, estamos destacando o grande papel do professor como mediador, suscitador de novas brincadeiras a partir de intervenções como: agir/falar, observar/escutar, preparar/organizar/repertoriar, ajudar/interagir.

Alimentando o brincar por outras culturas e as brincadeiras tradicionais da infância

Para que as crianças se tornem ativas e criativas no brincar, demonstrando seus interesses e necessidades, é imprescindível que haja riqueza e diversidade nas outras atividades da instituição.

Aliar o brincar ao ensino de outras culturas é sem dúvida uma opção dotada de riqueza
Fonte: Arquivo pessoal da autora

Entre as inúmeras propostas, aliar o brincar ao ensino de outras culturas é sem dúvida uma opção dotada de riqueza e possibilidades. Quando propomos um olhar para outras manifestações dentro do nosso próprio território, dispomos da oportunidade de conhecer os sentidos de cada folguedo – dança, enfim, cada manifestação popular – para as outras crianças que lá vivem, acessando as representações que têm para seu povo, em um conhecimento que não é folclorizado e estereotipado.

Para aproximar o grupo das manifestações culturais diversas, é preciso propor situações que criem novos sentidos, tendo um contexto de trabalho apoiado em atividades específicas de artes visuais, música, movimento e ciências sociais como possibilidade de "conhecer de forma lúdica" elementos dessa cultura.

Resgatar nossas e outras raízes é uma oportunidade de conhecer brincadeiras, costumes e folguedos de determinados estados ou países e formular um projeto de trabalho em que as crianças possam interagir e usufruir desse patrimônio cultural – por meio de suas representações, apreciação de objetos e fotos, apreciações musicais, confecção de fantasias e adereços e, em especial, momentos dedicados ao brincar.

O brincar em diferentes momentos, representando um morador, cantor ou personagem importante de determinado lugar, demonstra como as crianças podem lidar com os novos universos trazidos pelo professor. As crianças passam a representar ludicamente os novos sentidos atribuídos e enriquecidos pelas manifestações aprendidas, aprendendo sobre outra cultura.

Nas brincadeiras tradicionais da infância podemos reconhecer a cultura popular e transformá-la de maneira lúdica.

Segundo o *Dicionário do folclore brasileiro* escrito por Luís da Câmara Cascudo, lúdico significa:

> "(...) uma classificação de folclore, integrada por brincadeiras e brinquedos tradicionais, de natureza infantil ou não, que constituem elementos da cultura popular. Desse conjunto de objetos e de manifestações a eles relacionados

decorrem os primeiros contatos do ser humano com a cultura de seu povo, daí sua importância como elementos de identificação cultural e instrumento de socialização, educação e aprendizado".

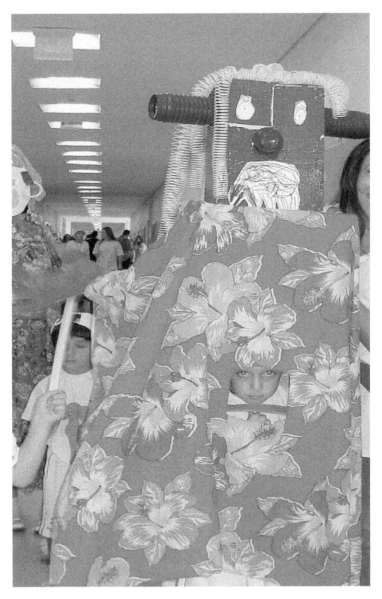

Embaladas pelo divertimento, as crianças se expressam e expressam a diversidade existente em nosso país.
Fonte: Arquivo pessoal da autora

Garantir que as brincadeiras da cultura da infância aconteçam é permitir que nossa voz sublinhe a cultura brasileira. É validar o papel do professor como responsável por perpetuar as brincadeiras da cultura da infância aprendidas por ele quando criança, assim como o respeito e a "recepção e valorização" das novas brincadeiras por ele inventadas.

Embaladas pela dança, pela cantiga e pelo divertimento provocado pelos brinquedos musicais, as crianças se expressam e expressam a diversidade existente em nosso país.

As crianças estão se relacionando cada dia mais intensamente na educação infantil, formando um grupo com personalidade e lidando com os limites e novidades que essas relações intensificadas trazem. Assim, as brincadeiras tradicionais tornam-se muito atraentes para elas e são palco de uma série de aprendizados – da ordem da organização grupal, do exercício de habilidades corporais, do contato com a tradição cultural brasileira, como já dito, e com as músicas que tipicamente acompanham grande parte desses jogos e brincadeiras.

Nesses brinquedos cantados transmitidos oralmente, as crianças têm a chance de viver a cultura tradicional, saber sua história e conhecer profundamente o Brasil.

Brinquedos cantados são as brincadeiras que carregam consigo uma canção, uma melodia e são aprendidas por meio da transmissão oral nas brincadeiras da fazenda, do clube, da rua etc.

Eleger brincadeiras, cantigas e histórias do repertório cultural brasileiro é, acima de tudo, aprofundar as raízes do nosso país, garantindo que as transmissões orais não se percam no mundo moderno.

No Brasil, temos tendência a menosprezar uma cultura em detrimento da outra, como se uma fosse mais importante ou melhor que a outra. É preciso saber que há muita sabedoria nas transmissões orais; as quadrinhas, por exemplo, respeitam uma regra, não são feitas aleatoriamente, rimam, são organizadas em estrofes.

Inteira ação... Para que a brincadeira aconteça...

Quadrinhas

Quadrinhas são poemas rimados em estrofes de quatro versos, dos quais talvez o mais famoso seja o seguinte:

Batatinha quando nasce,
espalha ramas pelo chão,
menininha quando dorme,
põe a mão no coração.

Cajueiro pequenino,
Carregado de flor.
Eu também sou pequenino,
Carregado de amor.

Além dessa realidade, há também uma enorme tendência a utilizar brincadeiras *que trabalhem a coordenação motora, os movimentos, mas que não trazem nenhuma melodia*. É preciso que essa melodia seja devolvida às crianças, herdeiras por direito dessas músicas e desse cantar.

Cabe ao professor trazer as brincadeiras cantadas para a sala de aula, apresentando também as cantigas que seus pais e avós cantavam quando crianças.

"O educador ou educadora deve buscar dentro de si as marcas e lembranças da infância, tentando recuperar jogos, brinquedos e canções presentes em seu brincar. Também deve pesquisar na comunidade e com as pessoas mais velhas as tradições do brincar infantil, devolvendo-as às nossas crianças, pois elas têm importância fundamental para seu crescimento sadio e harmonioso. Não se trata de saudosismo, mas sim de proporcionar às nossas crianças a possibilidade de viver sua própria cultura e modo de ser!" (BRITO, 2003)

3 Brincadeiras da Cultura Brasileira

Assim que a roda se forma, uma sensação de afeto e intimidade conjunta forma-se com ela. Seja onde for, na roça, na calçada, dentro da escola ou no playground do prédio, a brincadeira de roda convida todos os participantes a se sentirem parte integrante de um todo indivisível, um círculo único girando e cantando pela força desse todo.

Renata Meirelles

A partir de agora, faremos um passeio pelas brincadeiras de nossa cultura brasileira, da cultura da infância. Iniciaremos pelos brincos e cantigas de rodas simples, passaremos pelas brincadeiras de movimentos corporais, seguiremos pelas rodas de escolhas, dramatização e versos e parlendas que viram pega-pega.

> "Nesta tarefa de reconstrução, de busca de nossa alma ancestral, é a própria Música da Cultura Infantil o instrumento mais precioso. Através de sua prática, estaremos restabelecendo o laço afetivo com a língua – a língua mãe, aquela que os poetas populares ainda conhecem, e com a língua mãe musical – a canção popular, começando pelos Brinquedos Cantados, tão carregados do encanto e dos mistérios da Infância da raça, dos múltiplos arquétipos de nossa Cultura. Estaremos favorecendo também, certamente, uma disposição fundamental para a Beleza, o Imaginário, o Sonho..." Lydia Hortélio, 2006

As brincadeiras aqui presentes são legado dos nossos antepassados e falam da nossa gente; recuperá-lo é principalmente possibilitar que as crianças atuem no mundo em que vivem.

Fonte: Arquivo pessoal da autora

Essas brincadeiras fazem parte do nosso patrimônio; algo se converte em um bem patrimonial quando um grupo de pessoas lhe outorga um significado desejando que seja recordado pelas novas gerações – este significado passa a fazer parte da identidade cultural e, por isso, está intimamente ligado a formação da cidadania.

A maioria dessas brincadeiras inclui a música e, assim, trabalha-se a musicalidade das crianças de maneira integrada com a expressividade e movimentação corporal – e promove-se ainda a participação das crianças, a partir da qual o convívio com o grupo se torna mais harmonioso, dando especial atenção ao ritmo, à integração das crianças e aprendizagem de boas músicas.

Brincadeiras para bebês: brincos e cantigas simples

"Há uma série infinita de manifestações folclóricas na primeira infância, o período em que a criança não aprendeu ainda a andar e falar. Depois dos acalantos, cuja função é adormecer meninos, seguem-se os brincos, nos quais eles já participam de um modo menos passivo, cabendo, todavia, aos pais, a iniciativa de realizá-los".

"Chamamos brincos, portanto, a esses primeiros e ingênuos mimos infantis, agradinhos de pais e mães carinhosos, entretendo o bebê que está sem sono ou que acordou mais sorridente e feliz do que nunca".

Verríssimo de Melo

Os brincos, cantos e acalantos foram selecionados como possíveis atividades para os pequenos por favorecer o desenvolvimento da oralidade das crianças, propiciar o contato corporal da criança com o adulto e também auxiliar o desenvolvimento de suas capacidades expressivas, além de excelente possibilidade de manter viva parte de nossa tradição.

As brincadeiras e interações que se estabelecem entre os bebês e os adultos incorporam as vocalizações rítmicas, revelando o papel comunicativo, expressivo e social que a fala desempenha desde cedo. Propicia também conquistas no plano de coordenação e precisão de movimento.

Nesse sentido, os acalantos e os brincos tornam-se formas de um brincar musical característico desta primeira fase da infância.

As cantigas ou os cantos como citado no título também permeiam essa sugestão, por trazer a música. Como afirma ARAÚJO

...a melodia suave que fica cantando em nossos ouvidos porque a maioria delas é vivência para nós, quando não sobrevivem em nossa saudade dos tempos de criança....

– Sapateiro novo,
Me faz um sapato
De sola bem fina
Pra dançar o sapo.

Bum...

– Sapo cururu
Da beira do rio!
Não me bote n'água,
Que eu morro de frio.

Bum...

– Sapo cururu
De Dona Tereza!
Me corte o cabelo,
Me deixe a beleza.

Bum...

– Sapo cururu,
Que fazes lá dentro?
– 'Stou calçando as meias
Pro meu casamento.

Bum...

– Sapo cururu
Diz que quer casa?
– Pra ter minha mulher
Pra me regalar.

Bum.

Essa é, com certeza, uma das cantigas mais conhecidas no país, em suas diferentes versões ou diferentes versos. Conhecer mais e mais cantigas e que elas permaneçam nas nossas lembranças com carinho é o nosso intuito. Que nossos bebês adquiram familiaridade com essas cantigas em rodas diárias!

É de suma importância que o professor possa ajudar seu grupo de crianças a explorar as possibilidades de gestos e ritmos corporais para que eles possam gradativamente expressar-se nas situações dos brincos, cantigas e brincadeiras de roda simples.

Pelas cantigas, possibilitamos que os bebês desenvolvam a oralidade com o auxílio dos aspectos sonoros da linguagem, como ritmo e rimas, e que também possam brincar por meio de situações iniciadas pelo professor.

É importante garantir elementos que se repetem nas atividades, manter o mesmo formato de proposta, de apresentação dos brincos e cantigas; isso cria um sentimento de segurança nas crianças, além de favorecer sua participação, pois sabem o que vai acontecer.

Conversar com as crianças sobre as cantigas e os brincos é uma importante orientação deste trabalho. Embora eles ainda não falem convencionalmente, nos entendem e isso permite que se aproximem do universo adulto e de nossa forma convencional de comunicação oral.

Garantir que esse seja um momento lúdico e prazeroso para as crianças, realizando as brincadeiras em diferentes momentos e, algumas vezes, utilizar instrumentos musicais durante as cantigas, ou também construir alguns instrumentos com o grupo, é primordial no trabalho do professor que, assim, proporciona tal familiaridade com a nossa cultura.

Outra dica é lembrar-se de que o professor também é modelo expressivo para as crianças, e que, portanto, precisa valorizar e adequar os seus próprios gestos, mímicas e movimentos na comunicação com elas.

A seguir, algumas sugestões de cantigas e brincos. Vale lembrar que resgatar com as famílias e a comunidade as cantigas de infância é, além de um forte momento de valorização da transmissão oral, perpetuação da cultura e também uma excelente orientação para incluir os pais no projeto pedagógico.

Algumas das sugestões abaixo fazem parte de uma pesquisa da educadora Lucilene Silva, portanto sabemos a procedência, outras, porém, repertório de nossas lembranças, chamamos apenas de domínio público. Há algumas que fazem parte de pesquisas realizadas por outros autores.

Cantigas

Tchá, tchá, tchá
Eu vi a Lucinha na chaminé
Tão pequenina fazendo café
É de tchá, tchá, tchá (2×)
É de lá, lá, lá

Como se brinca

As crianças vão cantando até a palavra café. Neste momento param e, ao cantar o refrão (Tchá-tchá), viram-se para a esquerda e para a direita (exemplo: Dança Portuguesa). Quando já é possível formar uma roda, esta vai girando até a palavra café e, em seguida, as crianças fazem os movimentos.

A cantiga continua até todos os nomes das crianças serem cantados.

Procedência: Seabra (Ba)

Em cima daquele morro

Lá em cima daquele morro, (2×)
Tá te chamando assim, Mariquinha (2×)
É uma garota, é uma garota (2×)
Desse tamanho assim, Mariquinha, (2×)
Porco no chiqueiro, (2×)
Mexe com o rabinho assim, Mariquinha (2×)
Galinha no puleiro, (2×)
Bate com as asinhas assim, Mariquinha (2×)
Quando ela crescer (2×)
Traz ela pra mim, Mariquinha (2×)

Como se brinca

A cantiga pode acontecer em roda ou apenas estando próximo às crianças. Os participantes fazem os gestos sugeridos nos versos improvisados durante a música.

Procedência: Montes Claros (MG)/Pesquisa: Lucilene Silva

Lavadeira

Lava, lava, lavadeira
Lava a roupa do seu senhor (2×)
Dona Mariana, o léu, léu, léu
Dona Mariana, o léu, léu, léu
Lava a roupa com o sol ali
Um trouxão de roupa assim
Uma tabinha de esfregar assim
Uma bolinha de sabão assim

Como se brinca

Em roda ou apenas próximos, os participantes cantam e fazem os gestos representando que é falado na música. Ao chegar na parte da Dona Mariana, as crianças batem palmas.

Procedência: domínio público

Rosa Redonda

1.ª parte	*2.ª parte*
A rosa arredonda a saia	Ô, rosa, arredonda a saia
A rosa arredonda bem	Ô, rosa, arredonda bem
A rosa arredonda a saia	Ô, rosa, arredonda a saia
Olha a roda que ela tem	Olha a roda que ela tem
Olha a roda que ela tem	Olha a roda que ela tem
Olha a roda que ela tinha	Olha a roda que ela tinha
Ô, rosa, arredonda a saia	Ô, rosa, arredonda a saia
Arredonda, redondinha	Arredonda, redondinha

Como se brinca

Esta é uma cantiga só de rodar. Inicia-se cantando lentamente a primeira parte, depois os participantes cantam apenas a segunda, repetindo-a inúmeras vezes e acelerando o ritmo da música.

Procedência: Portugal

Dorme Meu Anjo Lindo

(Acalanto)

Lá, lá, laia, Laiá, lá, laia, laiá (2×)
Dorme meu anjo lindo, lá na cama dormindo.
Lá, laia laiá

Dorme que a noite é de lua, a minha alma é tua.
Lá, laia, laiá

Dorme sonha comigo, sou teu doce amigo
Lá, laia, laiá
Lá, lá, laia laiá, lá, laiá, laiá (2×)

Procedência: Goiás

Xote, xote, xote

Xote, xote, xote
Este xote não é meu!
Este xote é da Maria,
Filha de um compadre meu!

Como se brinca

Esta é uma cantiga só de rodar, primeiro canta-se lentamente e aumenta-se o ritmo gradativamente, até ir bem rapidinho.

Procedência: domínio público

Sapo Cururu

Sapo Cururu
Da beira do rio
Quando o sapo grita, ô maninha!
É que está com frio.

Olha quanto sapo
Olha quanta jia
Na beira do rio, ô maninha!
Fazendo folia.

Sapateiro novo
Fazei um sapato
De couro macio, ô maninho!
Pra dançar o sapo.

Sapo Cururu
A mulher do sapo, já foi lá pra dentro.
Aprontar os doces, ô maninha!
Para o casamento.

Sapo Cururu
Ele já morreu.
Se jogou no mato, ô maninha!
Bicho já comeu!

Variantes: Sapo Jururu

1. Sapo jururu
Na beira do rio
Quando o sapo grita, ó maninha!
Diz que está com frio.

2. A mulher do sapo
 É que está lá dentro
Fazendo rendinha, ó maninha!
Pro seu casamento.

Procedência: domínio público

Dandá pá ganhá vintém

Dandá pá ganhá vintém
Dandá pá ganhá vintém
Papai não dá
Mamãe não tem.
Dandá

Como se brinca

Com uma criança que está querendo começar a andar, toma-se as mãozinhas pela ponta dos dedos e vem trazendo-a cantando a cantiga. A criança começa a mudar os passos, cada vez com mais segurança. A certa altura, soltam-se os dedinhos e ela anda um pouco sozinha, depois cai. Retomamos a "festa". Logo a criança estará andando sozinha.

Onde encontrar

CD – Ô, *bela Alice* (Música tradicional da infância no sertão da Bahia no começo do século XX).

Serra, serra

Serra, serra
Matinga, serra
Serramos a velha
Que vai pra maré
Cachimbo no queixo
Chinelo no pé

Serra, serra
Já serrou
Serramos a velha
Do meu amor
Serra, serra
Serrado.

Chi ,chi, chi, chi
Chi, chi, chi, chi

Como se brinca

Toma-se a criança sentadinha no colo de frente para nós. Segura-se as mãozinhas dela e canta-se fazendo um movimento de vai-e-vem no ritmo da música, como se estivesse serrando.

Onde encontrar

CD – Ô, *bela Alice*.

Peneirinha, peneirão
(De balançar os braços)

Peneirinha, Peneirão
De coar feijão
Peneirinha peneira
De coar fubá

Variantes

Peneirinha, peneirão
De coá fubá
Lava o prato, lava a mesa
Pra nóis dois janta

Peneirinha, peneirinha
De côa fubá
Mariquinha lava os pratos
pra nós jantá

Pim pinico gurgurico
Quem te deu tamanho bico?
Foi a velha açucareira
Que quebrou a mantegueira

Onde encontrar

Parlenda, riqueza folclórica, Jacqueline Heylen.

Palminhas de Guiné

Palminhas de guiné
Palminhas de guiné
Pra quando papai vier.

Papai dá papinha
mamãe dá maminha
Vovó dá um cipó
Na bundinha da...

Onde encontrar

Música na educação infantil, Teca Alencar de Brito

Toque pra São Roque

Toque, toque, toque
Vamos pra São Roque
Ver o menininho
Que vem vindo no galope.

Como se brinca

O adulto senta-se no chão com os joelhos dobrados e os pés apoiados no chão. Coloca o bebê sentado sobre seus joelhos e acompanha a música como se estivesse galopando. Quando a música termina, abaixa os joelhos e estica as pernas.

Onde encontrar

Música na educação infantil, Teca Alencar de Brito

Cavalinho

CA-VA-LI-NHO.
CA-VA-LI-NHO,
CA-VA-LI-NHO, etc.

Como se brinca

Põe-se a criança montada em uma das pernas e imita-se o galope do cavalo imaginário.

Onde encontrar

Folclore infantil, Veríssimo de Melo.

Marra-marra

Marra-marra,
Carneirinho,
Marra-marra,
Carneirinho.

Como se brinca

O adulto segura o bebê pela cintura, aproxima a sua cabeça da dele e imita a marrada do carneiro dizendo o brinco acima.

Onde encontrar

Folclore infantil, Veríssimo de Melo.

Dem, dem

Dem, dem
Seu bispo vem,
Pato, marreco,
Peru também.

Como se brinca

O adulto segura o bebê pelas axilas e o balança, acompanhando a música e colocando-o no chão quando ela termina.

Onde encontrar

Música na educação infantil, Teca Alencar de Brito

Pé de pilão

Pé de Pilão,
Carne seca com feijão;
O ferreiro faz a força
Mas não faz o gavião.

Como se brinca

No pé de pilão, as mães batem levemente os pezinhos da criança na cama ou sobre uma mesa, imitando o movimento da mão de pilão e dizem, no compasso, o texto acima.

Onde encontrar

Folclore infantil, Veríssimo de Melo.

Mariquinha morreu ontem

Mariquinha morreu ontem,
Ontem mesmo se enterrou.
Na cova da Mariquinha
Nasceu um botão de flor!

Nasceu, nasceu! (2×)
Nasceu um botão de flor!

Formação

roda – crianças de mãos dadas.

Como se brinca

As crianças caminham cantando a primeira quadra. A seguir, param e cantam os versos finais, batendo palmas nos tempos fortes da melodia.

Onde encontrar

Brincando de roda – Pesquisa Íris Costa Novaes

Sapatinho branco

Pão, pão, pão,
Era leite, era pão.
Sapatinho branco,
Meinha de algodão.

Formação

roda – crianças de mãos dadas

Como se brinca

A roda gira cantando e repete várias vezes a quadra, acelerando cada vez o seu andamento.

Onde encontrar

Brincando de roda – Pesquisa Íris Costa Novaes

Alpercata de algodão

Você subiu aquela serra. (2×)
De alpercata de algodão

Alpercata-ta (2×)
Pegou fogo-go
Me deixou, me deixou
De pé no chão, chão, chão!

Formação:

Roda – crianças de mãos dadas

Como se brinca

Em roda, as crianças cantam, paradas, os dois primeiros versos, fazendo a mímica correspondente à letra. A seguir, todas dão as mãos e, correndo no ritmo da melodia, cantam os quatros versos finais. Ao dizer "chão, chão", param e batem palmas, duas vezes. Tornam a cantar os quatros versos, girando em sentido contrário.

Onde encontrar

Brincando de roda, Íris Costa Novaes

Era uma vez uma galinha
(Ao final, fazer cócegas)

Era uma vez
uma galinha
pintadinha
fez um ninho
aqui botou
aqui chocou
os pintinhos
foram fazendo piuuuuuu

Procedência: domínio público

Bango, balango
(Balançar as crianças no colo)

Bango, balango
Sinhô Capitão
Pinga de vinho
Pedaço de pão
Cozido e assado
No seu caldeirão

Procedência: domínio público

Cadeirinha, cadeirão
(Mover os lábios da criança com os dedos e depois brincar de deixá-la cair no chão)

Cadeirinha, cadeirão
de coar feijão
Quando a cadeira
se quebrar
Marili, cai no chão (nome da criança)

Procedência: domínio público

Mana, maninha

(Balançar os braços)

Mana maninha
Onde tu vai
Casa de nona
Gota de monhac
Cadilaque laque lac.

Onde encontrar

Parlenda, riqueza folclórica, Jacqueline Heylen

Macaco pisa o milho

Macaco pisa o milho
plô, plô, plô
No pilão da sapucaia
plô, plô, plô
Ele pisa, ele cessa
plô, plô, plô
Na barra da sua saia
plô, plô, plô

Como se brinca

Coloca-se a criança sentada sobre os joelhos, segurando-a pelos braços. Canta-se a cantiga, marcando os tempos com os calcanhares no chão. No "plô, plô, plô" a batida dobra e a criança cavalga mais depressa.

Esta é uma cantiga de trabalho das mulheres quando vão pisar o milho. Cantam a cantiga a duas vozes, em intervalo de terça, marcando os tempos com a mão de pilão. Dobram as batidas quando chega o "plô, plô, plô".

Onde encontrar

CD – *Abra a roda Tin Dô Lê Lê*, Lydia Hortélio

Pinhém, pinhém

Pinhém, pinhém
Caracará
Fazer seu ninho
No jeribá

Como se brinca

Segura-se com a ponta dos dedos a pele das costas da mão da criança, levantando para cima e para baixo no ritmo da cantilena. No "jeribá" cobrem o rosto com as mãos.

Onde encontrar

CD – *Abra a roda Tin Dô Lê Lê*, Lydia Hortélio

A Casinha da Vovó

A casinha da vovó
Toda feita de cipó
O café está demorando
Com certeza falta pó.

Onde encontrar

Música na educação infantil, Teca Alencar Brito

Serra, serra, serrador

Serra, serra, serrador
Serra o papo do vovô
O vovô está cansado
Deixa a serra descansar

Serra, serra, serrador
Quantas tábuas já serrou?
Já serrei vinte e quatro:
1, 2, 3, 4.

Como se brinca

Este brinco se realiza com as mãos dadas, um em frente do outro, fazendo movimentos de balanceio para frente e para trás.

Onde encontrar:

Música na educação infantil, Teca Alencar Brito.

Cadeirinha

Onde vai Marias cadeira?
Vou na casa do capitão
Capitão não estava em casa
Joga a Marias cadeira no chão (2x).

Como se brinca

Duas pessoas montam uma cadeira com os braços, a criança senta e cantam a música; ao término "Joga Marias cadeira no chão" com cuidado, se coloca a criança no chão.

Procedência: domínio público

Senhora madeira

Aqui vai a senhora madeira
Sentada na sua cadeira,
Fiando o seu algodão,
Para a casa de João Capitão;
Ora demos com ela no chão.
Chão, chão,
Chão, chão!
Chão, chão. . .

Como se brinca

Duas pessoas pegam com as mãos direitas nos próprios antebraços e, com as suas esquerdas, nos antebraços uma da outra fazem uma cadeirinha.

> Uma terceira toma a criança a assenta sobre essa cadeirinha. A cadeirinha em movimento de vaivém, para frente e para trás, embala a criança ao ritmo dos versos acima.
>
> **Onde encontrar**: *Os nossos brinquedos*, Alexina de Magalhães.

Brincadeiras para crianças de dois e três anos: rodas de movimento, brincos mais longos, brincadeiras corporais, rodas de escolha

Rodas de movimento

> "A roda é o princípio do grupo, dá a sensação de união, de um todo ao qual se pertence. Daí a satisfação que a criança sente em estar de mãos dadas com seus coleguinhas, de cantar e movimentar-se ao som de uma melodia, de participar de um grupo em que todos fazem os mesmos gestos".
>
> Iris Costa Novaes

As brincadeiras de roda que sugerem movimentos como *Meleci* e *Na ponte da vinhaça*, descritas como sugestões, envolvem o reconhecimento do próprio corpo, do outro e a imitação. Nelas estão presentes aspectos do ato motor e de gestos simbólicos, como imitar um animal, uma profissão ou gestos indicados na cantiga.

A linguagem musical que aparece nessas brincadeiras é um excelente meio para o desenvolvimento da expressão, do equilíbrio, da autoestima e do autoconhecimento, além de poderoso meio de integração social.

Essas brincadeiras trazem também a possibilidade de que as crianças se apropriem de nossa cultura, no que se refere ao patrimônio cultural transmitido por meio da oralidade.

As brincadeiras de roda envolvem o reconhecimento do próprio corpo, do outro e a imitação.
Fonte: Arquivo pessoal da autora

Para as crianças pequenas é fundamental que possam divertir-se com as músicas e as imitações presentes nas rodas de movimento, explorar e se apropriar das possibilidades dos gestos e ritmos corporais para expressar-se nas brincadeiras. Assim, podem ampliar e valorizar o repertório de brincadeiras de roda de nosso acervo cultural.

Pela participação em rodas que integram a música e sugerem movimentos, as crianças podem ter garantidas a apreciação e a valorização das melodias presentes.

Como já estão com a linguagem oral mais desenvolvida, é interessante que o professor organize situações nas quais as crianças conversem sobre suas brincadeiras: lembrem os gestos que fizeram, elejam quem poderão imitar em uma próxima vez, contem como fizeram para copiar determinado bicho ou profissão. É importante que o professor ajude as crianças a organizarem o pensamento e as emoções, criando condições para o enriquecimento do brincar, e garantindo que essas brincadeiras sejam constantes na rotina do grupo, seja quando solicitado pelas crianças ou sugerido pelo adulto.

Outra dica é convidar crianças de outros grupos para que os mais velhos possam ensinar alguma brincadeira de movimento; além de ser prazeroso, as crianças podem ter bons momentos de aprendizagem na interação com os mais velhos.

Veja a seguir algumas sugestões de rodas de movimento, lembrando que os pais, avós e a comunidade onde sua escola está inserida podem dar excelentes contribuições para a ampliação do repertório de seu grupo. Além de ampliarem os vínculos com a escola, também passarão a se sentir valorizados e a valorizar nossa cultura.

Rodas de Movimentos

Itororó, manhã chegou

Fui no Itororó,
Beber água não achei.
Achei bela morena
Que no Itororó, deixei

Aproveita minha gente
Que uma noite não é nada
Se não dormir agora
Dormirá de madrugada

Manhã chegou, manhã chegou
Manhã chegou, manhã eu vou. (2×)

Como se brinca

Forma-se uma roda e canta-se a cantiga; no final, a roda se junta indo para frente e para trás.

Procedência: Arapiraca (AL)

Melici

Balança os dedos para Melici
One, *two*, Melici

Balança os braços para Melici
One, *two*, Melici

O corpo manda dividir em três partes
Batman, Robin, Batgirl

Como se brinca

Em roda ou próximas umas das outras, as crianças cantam e balançam as partes do corpo sugeridas pela música (cabeça, corpo etc.). Ao cantar Batman, coloca uma mão no ombro; Robin, a mão no outro ombro; e Batgirl, as crianças abaixam rapidamente.

Procedência: domínio público

Eu vim um pretinho

Eu vim um pretinho
Queria casar
Com uma viuvinha
Que soubesse lavar, soubesse lavar, soubesse lavar.

Auí! Auá! (2×)
Oi, tique, tique, ta!

Como se brinca

Em roda, as crianças giram, cantando. No quarto verso, as crianças param e imitam os movimentos característicos das lavadeiras. A seguir, põem as mãos na cintura e inclinam o corpo, primeiro para a direita, depois para a esquerda, cantando – "Auí! Auá!" – e, por fim, batem palmas três vezes terminando a letra.

Repete-se o brinco, substituindo o movimento de lavar pelo passar, coser, dançar etc.

Procedência: domínio público

Da Bahia para Maceió

Da Bahia para Maceió,
Da Bahia para Maceió,
Encontrei D. Maria (2×)
Com uma perna só

De D. Maria, (2×)
Ninguém tenha dó;
Ela anda pela rua, (2×)
Com uma perna só.

Como se brinca

Em roda as crianças caminham cantando. Nos dois últimos versos de cada quadra, deixam as mãos das companheiras e, pulando num pé só, vão ao centro da roda e voltam, de frente, aos seus lugares, uma ou mais vezes.

Procedência: domínio público

Periquitinho verde

Refrão:
Meu periquitinho verde
Sentado no meu jardim
Com suas asinhas abertas,
Ô lê lê
Fazendo assim, assim,
Ô lê, lê
Fazendo assim, assim.

Versos:
Meu periquitinho verde
No galho da goiabeira
Comendo goiaba branca
Fazendo assim, assim
Meu periquitinho verde
No galho da pitangueira
Bicando uma pitanguinha

Fazendo assim, assim
Meu periquitinho verde
No galho do mamoeiro
Balançando, balançando
Fazendo assim, assim
Etc.

Como se brinca

Crianças em roda, giram e cantam versos improvisados, fazendo os gestos que o texto sugere. Brinca-se também com uma criança só.

Onde encontrar

CD – *Abra a roda Tin Dô Lê Lê*, Lydia Hortélio

No toque da viola

No toque da viola
Todo mundo chora
No toque da viola
Todo mundo chora

As... fazem assim
As... fazem assim

No toque da viola
Todo mundo chora
No toque da viola
Todo mundo chora.

Variante: Na ponte da Vinhaça

Lá na ponte da vinhaça,
todo mundo passa
Lá na ponte da vinhaça
todo mundo passa

As lavadeiras fazem assim...
As lavadeiras fazem assim...
Assim, assim,
Assim, assim.

Como se brinca

As crianças formam uma roda e giram cantando a primeira parte. Quando chega o momento de fazer o gesto de cada profissão, param para fazer o movimento indicativo e voltam a girar, cantando o refrão.

Onde encontrar

CD – Ô, *bela Alice*, Lydia Hortélio

Abra a roda, tin dô lê lê

Abra a roda
tin dô lê lê
Abra a roda
Abra a roda
tin dê lê lê
Abra a roda
tin dô lê lê ê
tin dô lê lê ê
tin dô lá lá

E vai andando...
Bate palma...
Me dê sua mão...
Requebradinha...
Vai andando
De trenzinho...
De marcha ré...
Bem baixinho
Etc.

Como se brinca

Em uma roda, as crianças cantam e fazem os gestos que o texto sugere, expressando os comandos que vão surgindo espontaneamente.

Onde encontrar

CD *Abre a roda Tin Dô Lê Lê*, Lydia Hortélio

Brincadeira de roda
Fonte: Arquivo pessoal da autora

Brincos mais longos

"...os brincos são as brincadeiras rítmico-musicais com que os adultos entretêm e animam as crianças..."

RCN

Toda brincadeira, embora seja atividade livre e espontânea da criança, necessita da aprendizagem por meio da cultura para que se desenvolva. Por isso, é fundamental a presença atuante do adulto ao ensinar, rememorar e desenvolver as brincadeiras tradicionais constantemente.

Os brincos mais longos têm uma característica acumulativa ou de repetição que favorece ao grupo de crianças uma memorização do texto, contribuindo para que possam recitá-las em outros momentos.

É um texto com predomínio da linguagem poética, que convida a brincar com as palavras, inventar novas variantes, pela musicalidade envolvida.

Pelos brincos mais longos, as crianças têm oportunidade de:

- ampliar o repertório de brincos;
- divertir-se durante as recitações e brincadeiras;
- desenvolver a oralidade por meio da recitação;
- memorizar os brincos e usufruir destes textos em suas brincadeiras, para que possam fazer "leituras" mais autônomas do mesmo, já que são textos curtos e que podem ser memorizados.

Brincos mais longos

Dedo mindinho

Dedo mindinho,
Seu vizinho,
Maior de todos,
Fura-bolos,
Cata-piolhos.

Esse diz que quer comer,
Esse diz que não tem quê,
Esse diz que vai furtar,
Esse diz que não vá lá,
Esse diz que Deus dará
Paca,
Cutia
Tatu,
Traíra,
Muçu.

Como se brinca

Pega-se a mãozinha da criança e diz-se, apontando os dedos, nesta ordem: auricular, anular, mediano, indez e polegar.

Ao chegar na palavra muçu, procura-se um bolinho imaginário na palma da mão da criança e pergunta-se:

– Cadê o bolinho que estava aqui?

– O rato comeu. (responde-se)

Então, procura-se o ratinho, subindo o dedo no braço da criança e dizendo:

– Saiu por aqui, por aqui, por aqui e descansou aqui – parar o dedo. Continuou a subir, subir, subir e sujou aqui – nova parada. – Saiu por aqui, por aqui, por aqui e aqui dormiu. – E assim vai, até parar nas axilas do bebê, fazendo cócegas

Procedência: domínio público

Ding-din ding seu João Manco

Ding-din-ding Seu João Manco,
Ding-din-ding quem mancou?
Ding-din-ding foi a pedra.
Ding-din-ding cadê a pedra?
Ding-din-ding está no mato.
Ding-din-ding cadê o mato?
Ding-din-ding o fogo queimou.
Ding-din-ding cadê o fogo?
Ding-din-ding a água apagou.
Ding-din-ding cadê a água?
Ding-din-ding o boi bebeu.
Ding-din-ding cadê o boi?
Ding-din-ding foi buscar milho.
Ding-din-ding pra quem?
Ding-din-ding para a galinha.
Ding-din-ding cadê a galinha?
Ding-din-ding está pondo.

Ding-din-ding cadê o ovo?
Ding-din-ding o padre bebeu.
Ding-din-ding cadê o padre?
Ding-din-ding está dizendo a missa.
Ding-din-ding cadê a missa?
Ding-din-ding já se acabou.

Como se brinca

Semelhante ao brinco do Dedo Mindinho.

Onde encontrar

Folclore Infantil, Veríssimo de Melo

Cadê a chouriça?

1.ª estrofe: – Cadê a chouriça que tava aqui?
    Refrão: – O gato comeu
2.ª estrofe: – Cadê o feijão que tava aqui?
    Refrão: – O gato comeu
3.ª estrofe: – Cadê a farinha que tava aqui?
    Refrão: – O gato comeu
4.ª estrofe: – Cadê o mingau que tava aqui?
    Refrão: – O gato comeu
5.ª estrofe: – Cadê o doce que tava aqui?
    Refrão: – O gato comeu
Final: – O gato saiu andando...

Como se brinca

Pegar a mão da criança e começar pela palma da mão. A cada frase, subir até chegar às axilas e começar a fazer cócegas.

Onde encontrar

Parlenda, riqueza folclórica, Jacqueline Heylen

Cadê o toucinho?

Cadê o toucinho daqui?
O gato comeu
Cadê o gato?
Foi no mato
Cadê o mato?
O fogo queimou
Cadê o fogo?
A água apagou
Cadê a água?
O boi bebeu
Cadê o boi?
Foi amassar trigo
Cadê o trigo?
A galinha espalhou
Cadê a galinha?
Foi botar ovo
Cadê o ovo?
O frade bebeu
Cadê o frade?
Foi dizer missa
Cadê a missa?
Está no altar
Cadê o altar?
Está no seu lugar
Por aqui, por aqui...

Variantes

Cadê o queijo daqui?
O rato comeu.
Cadê o rato?
O gato comeu.
Cadê o gato?
Foi pro mato.
Vamos procurar?
Vamos

Cadê o toucinho que estava aqui?
O gato comeu.
Cadê o gato?
Foi pro mato.
Cadê o mato?
O fogo queimou.
Cadê o fogo?
A água apagou.
Cadê a água?
O boi bebe.
Cadê o boi?
Está amassando trigo.
Cadê o trigo?
A galinha comeu.
Cadê a galinha?
Está botando ovo.

Como se brinca

Pegar a mão da criança e começar pela palma da mão. A cada frase, subir até chegar às axilas e começar a fazer cócegas.

Onde encontrar

Parlenda, riqueza folclórica, Jacqueline Heylen

Pam pam

Pam pam
Quem é?
O compadre e a comadre
Pode entrar
Bom dia compadre
Bom dia comadre.

Variantes

Tum tum
Quem é?
É o padeiro
Espera um momentinho

Que eu vou buscar dinheiro
Debaixo do travesseiro
Um dois três.

Tum tum
Quem é?
Sou eu
Pode entrar
Como vai, como vai, vai, vai
Tudo bem, tudo bem, bem, bem.

Tum tum
Quem é?
É o compadre
Pode entrar
Como vai, como vai, como vai

Como se brinca

Juntar as mãos, palma com palma. Bater os dedos das mãos opostos, primeiro os polegares, depois o indicador, anular, médio e mínimo.

Onde encontrar

Parlenda, riqueza folclórica, Jacqueline Heylen

Vaco Varaco

Vaco varaco
Da banda do mato
Lá vem Sinhá velha
Com seu samburá
Trazendo os peixinhos
Para nós jantá
Um pra...(nome da pessoa)
Um pra...(nome da pessoa)
Um pra Maricota
Do rabinho azedo.

Como se brinca

Balançar a criança no colo.

Onde encontrar

Parlenda, riqueza folclórica, Jacqueline Heylen

Rodas de escolhas

As rodas de escolhas, assim como as outras brincadeiras de roda, são um excelente meio de promover maior interação e sociabilidade. Por meio delas, garantimos, além do lúdico, conhecimentos necessários à condição humana, pois além de aprenderem a melodia, as crianças precisam enfrentar o desafio de ficarem sozinhas no centro da roda, de esperar sua vez e também continuar na roda após terem ido ao meio.

As rodas de escolhas são um excelente meio de promover maior interação e sociabilidade.
Fonte: Arquivo pessoal da autora

Essa é uma brincadeira que se inicia nessa faixa etária (3 anos), mas também é muito aceita pelas crianças maiores que não necessitam tanto do auxílio do adulto.

> "Dando oportunidade aos tímidos de superar a sua inibição, encorajando-os e conduzindo-os à liderança, controlando os desejos dos prepotentes, ensinando-lhes a necessidade de união e respeito aos direitos dos outros, o brinquedo de roda integra a criança no grupo preparando-a para viver em sociedade".[5] (NOVAES, 1994)

Por meio das rodas de escolhas, as crianças podem explorar e identificar elementos da música para se expressar, interagir com os outros e ampliar seu conhecimento do mundo.

À medida em que essas brincadeiras se tornam cotidianas, podem favorecer a capacidade de enfrentamento de desafios das crianças, com tranquilidade e prazer e, sem dúvida, a exploração e apropriação das possibilidades rítmicas e expressivas da brincadeira.

É importante que possamos respeitar a espontaneidade e a naturalidade com as quais as crianças participam ou não da roda. Uma dica é fazer a apresentação gradativa das rodas, priorizando "escolhas" mais fáceis para o início e deixando rodas que exigem, por exemplo, que a criança fique no centro da roda para quando estiverem mais seguras para essa condição.

Rodas de esolhas

Apambu

Apambu, apambu, a poeira matadeira.
Quem tem nome de Aninha, faz favor se ajoelhar (2×).

---

5 NOVAES, Íris Costa – BRINCANDO DE RODA – Ed. Agir – 2. ed.

Como se brinca

Em roda as crianças cantam a cantiga e, quando o nome é chamado, a criança entra na roda e se ajoelha. Canta-se até chamar o nome de todas as crianças; quando todos estiverem ajoelhados, começam a cantar "Se eu fosse um peixinho" e vão tirando as crianças do meio da roda formando uma roda novamente.

Procedência: Vale do Jequitinhonha (SP)

Dois passarinhos

Por esta rua, dominé
Passeou meu bem, dominé
Não foi por mim, dominé
foi por alguém, dominé

Dois passarinhos, dominé
Caíram no laço, dominé
Daí um beijinho, dominé
Daí um abraço, dominé

Mais um beijinho, dominé
Mais um abraço, dominé
Agora escolha, dominé
Quem vai ser seu par, dominé

Como se brinca

Duas crianças fora da roda aguardam as crianças cantarem a música até a parte "Dois passarinhos caíram no laço", então, elas entram no meio da roda e fazem o que a roda diz "Daí um beijinho, daí um abraço, mais um beijinho, mais um abraço. Agora escolha quem vai ser seu par".

Os dois que estavam no meio da roda escolhem uma criança cada um para substituí-los e voltam para a roda.

Procedência: João Monlevarde (MG)

Saia bonita

Saia bonita de renda de bico
Apanha laranja no chão tico-tico (2×)
Se meu amor for embora eu não fico
Saia rendada de renda de bico
Apanha laranja no chão tico-tico (2×)
Se meu amor for embora, eu não fico

Como se brinca

Forma-se uma roda e uma criança anda por ela (entrando e saindo, como se estivesse costurando). Quando terminar a segunda estrofe, a criança na frente de quem ela parar deverá substituí-la na costura.

Procedência: Fortaleza (CE) Informantes: Mulheres rendeiras do Ceará

A Linda pastora

Eu sou a linda pastora que passeava lá no pomar.
Por isso que me chamavam Linda Pastora,
poronponpon
morena mexe a cintura
morena mexe o poron, poronponpon
morena!

Como se brinca

Quando fala "morena", todos colocam as palmas para cima. A criança que está no meio tem que tentar bater na mão de alguém. Se ela conseguir, essa em quem ela bateu a mão vai para o lugar dela. O legal dessa versão é que as crianças têm que tentar tirar a mão antes de a criança que está no meio bater.

Procedência: domínio público

Bela pastora

Lá no alto daquela montanha,
Avistei uma bela pastora
Que dizia na sua linguagem
Que queria se casar.

Bela pastora, entrai na roda
Para ver como se dança:
Uma volta, meia volta,
Abraçai o "seu" amor.

Como se brinca

As crianças ficam em roda e uma fora, que será a bela pastora. A roda gira, cantando. No início da segunda quadra, a "bela pastora" entra na roda e, no final, abraça uma companheira que irá substituí-la.

A Linda pastora

Eu sou a linda Pastora
Que passeava pelo pomar.
Por isto que me chamavam,
Linda Pastora Parampampam

Morena, mexe a cintura.
Morena do seu pampam paramram

Como se brinca

Em roda, uma criança dentro da roda passeia enquanto a música é cantada; quando a música diz "mexe a cintura" a criança rebola, depois continua a andar até que todos cantam a última estrofe, então, a criança que está no centro para na frente de alguém e rebola para que esta a substitua.

Procedência: Ermelino Matarazzo, São Paulo (SP)

Caiu no poço

(*Nome da pessoa*) caiu no poço (2×)
Ficou toda enlameada.
Os garotos deram em cima (2×)
Pensando que era melado.

Como é que ela pula! (2×)
Como é que ela roda!
Como é que ela faz
Requebradinho!

Como se brinca

Em roda e uma criança ao centro. A roda gira cantando a primeira quadra na qual é mencionado o nome da criança que está no centro. Em seguida, para e canta a segunda quadra batendo palmas no ritmo da melodia, enquanto a criança em destaque pula, dá uma volta completa no mesmo lugar e faz requebros.

Ao terminar o canto, a criança que está no centro escolhe aquela que deverá substituí-la.

Procedência: domínio público

Cravo branco na janela

Cravo branco na janela
É sinal de casamento;
Deixa disso, (nome da pessoa),
Que inda não chegou seu tempo.

Osquindô **lê** lê!
Osquindô lê lê **lá** lá!
Osquindô **lê** lê!
Não sou eu que caiu **lá!**

Como se brinca

Em roda e uma criança ao centro, as crianças caminham cantando a primeira quadra na qual é mencionado o nome da que está no centro. Ao terminá-la, param e cantam a segunda quadra, batendo palmas no ritmo da melodia, enquanto a criança aproxima-se de uma companheira e, ambas, tendo as mãos à cintura, pulam, ora num pé, ora noutro, estendendo as pernas, alternadamente, para frente.

Procedência: domínio público

Gatinha parda

Ai, minha gatinha parda!
Que em janeiro me fugiu!
Quem achou minha gatinha?
Você sabe, você sabe, você viu?

Como se brinca

Em roda, uma criança com os olhos vendados ao centro, as outras de mãos dadas. As crianças caminham cantando a quadra. Ao terminá-la, param e ficam de cócoras. A criança que está no centro põe a mão na cabeça de uma companheira da roda que deverá "miar". Sendo sua voz reconhecida, substituirá a que está com olhos vendados. Em caso contrário, não haverá mudança.

Procedência: domínio público

Eu vi três meninas

Eu vi três meninas
Na chaminé;
Tão pequeninas
Fazendo café!

E pirão sem sal! (2×)
É bolinho de bacalhau!

Como se brinca

Em roda, crianças de mãos dadas; ao centro, formando outra roda, três crianças. As crianças das duas rodas, de mãos dadas, saltitam cantando a quadra. A seguir, param. As crianças do centro desfazem a roda e procuram, cada uma, o seu par na roda principal. Frente a frente, os pares pulam, batendo palmas no ritmo da melodia, cantam os versos finais.

As três crianças escolhidas substituem as do centro da roda.

Procedência: domínio público

Machadinha

Ai, ai, ai minha machadinha (2×)
Tenho coisas boas pra você ser minha (2×)
Você é minha e eu sou sua (2×)
Passa a machadinha para o meio da rua (2×)
No meio da rua não hei de ficar (2×)
Tenho uma dama dessas para ser meu par (2×)

Como se brinca

Forma-se uma roda e quando as crianças cantam "passe a machadinha para o meio da rua", uma delas vai para o centro da roda, canta os dois últimos versos e escolhe alguém para ficar na roda e lhe fazer companhia, até que o grupo cante novamente "passe a machadinha..." Então, a criança escolhida ficará sozinha até que cante os versinhos e escolha outro par. A brincadeira se repete até que todas as crianças tenham ido ao centro da roda.

Procedência: Pontal do Peba (AL)

Agulhinha

Fila: – De onde vem aquela menina, tão longe, tão longe?
Criança: – A procura de uma agulha que eu aqui perdi.
Fila: – Menina volta pra casa, vai dizer a seu pai, seu pai, que uma agulha que se perde não se acha mais.
Criança: – Eu já fui, já voltei, já disse a meu pai, meu pai que uma agulha que se perde não se acha mais. Será esta, será essa, será essa não! Será essa agulhinha do meu coração.

Como se brinca

Forma-se uma fila e escolhe-se um dos participantes para fazer o diálogo com os demais. No final, quando canta "Será esta...", a criança escolhe alguém apontando o dedo e a criança escolhida vai para o lugar dela e começa tudo de novo.

Obs.: há lugares em que as crianças brincam trocando apenas os participantes e outros em que as crianças escolhidas vão mudando de lado, acumulando o que estava vazio.

Procedência: Salvador (BA)

Cata-Sol

Cata-sol, cata-sol, licuri tá no sol.
Em que cavalo quer vir?
No melhor que houver!
Pintado, malhado (aqui cada um diz um nome de cavalo)

Como se brinca

É um diálogo em que no final cada criança diz o nome do seu cavalo. Ex.: pintado, malhado, estrela.

No final da brincadeira, a criança que está no meio escolhe em que cavalo quer montar; por exemplo, ela escolhe o pintado, então, a criança que se denominou pintado vai se agachar como um cavalinho e a outra vai montar nela, numa brincadeira. O próximo a ir ao centro é a criança que virou cavalo.

Procedência: domínio público

Vamos maninha, vamos

Vamos, maninha, vamos
Na praia passear
Vamos ver a barca nova
Que do céu caiu no mar

Nossa senhora dentro
Os anjinhos a remar
Rema, rema remador
Que essas águas são de flor

A barca virou
Tornou a virar
Por causa de (...)
Que não soube remar

Como se brinca

Uma roda que gira cantando. Quando dizem "Por causa de (...)", escolhem alguém para ir ao centro. Recomeça-se o brinquedo e o próximo escolhido vai substituir quem estava no centro. Assim se faz até que todos tenham ido ao meio da roda.

Onde encontrar:

CD – *Abra a roda tin dô lê lê*. Lydia Hortélio

Brincadeiras corporais

...Brincar de estátuas é um exemplo de jogo em que, por meio do contraste entre som e silêncio, se desenvolvem a expressão corporal, a concentração, a disciplina e a atenção...

RCN

As brincadeiras corporais são aquelas que exigem um certo domínio do corpo como saber pular esticando as pernas para frente e para trás, pular cruzando as pernas, engatinhar ou até mesmo ficar parado. Nessas brincadeiras corporais estão presentes os elementos relacionados à música e ao movimento.

Essas brincadeiras revelam a cultura corporal de cada grupo social e se constituem em atividades privilegiadas, nas quais o movimento é aprendido e significado.

Ao proporcionar brincadeiras corporais possibilitamos que as crianças se familiarizem com a imagem do próprio corpo, desloquem-se com destreza progressiva no espaço ao andar, correr, pular, entre outras qualidades do movimento e com isso desenvolvam uma atitude de confiança nas próprias capacidades motoras.

Após essas brincadeiras, é comum as crianças falarem que estão suadas, cansadas ou que o coração está mais acelerado, reconhecendo os seus próprios sinais vitais. É importante valorizar esse conhecimento das crianças sobre o seu corpo, conversando e refletindo com elas sobre essas sensações, criando condições também por meio de relaxamentos para que as crianças se conscientizem dos sinais do seu corpo.

No início, algumas crianças sentem dificuldade em realizar algum movimento proposto nas brincadeiras e cantigas, portanto, é importante reconhecer seu esforço, acompanhar seus progressos e socializar.

Uma boa dica é, se possível, filmar as crianças em diferentes momentos da continuidade das brincadeiras. Primeiro, pelo trabalho de documentação; segundo, com a possibilidade de utilizar essas filmagens para assistir com o grupo e observar as evoluções do movimento e o prazer que essa atividade proporciona.

Brincadeiras corporais

Uê, Uê, Uê

Uê, Uê, Uê, casinha de bambuê
Cercada de cipó.
Uê, Uê, Uê , quem mexeu sai fora do Brasil!

Brincadeiras da Cultura Brasileira

Como se brinca

Brincadeira de estátua

Procedência: Montes Claros (MG)

Maria Madalena

Maria Madalena
Foi ao sítio de Belém.
Fazer o quê?

Estados Unidos
Balança o seu vestido.
Pro lado, pro outro.

Assim é muito pouco.
Pra frente, pra traz.
Eu quero é muito mais!

Toli, toli
Toli, toli, tolá
Quem ficar de perna aberta,
Vai ter que rebolar, toli, tolá.

Como se brinca

Crianças cantam e imitam os movimentos sugeridos na cantiga, quando dizem "tô li tô li...", param e começam a pular, cruzando e descruzando as pernas, quem ficar de pernas abertas, rebola.

Procedência: domínio público

Maria Helena

Maria Helena
Foi no curso de beleza
O que ela fez
Doli, doli

Doli, doli, dolá
Quem ficar de perna aberta
Vai se rebolar
Dô li, dô lá

Para rebolar:
O pião entrou na roda
Ô pião
O pião entrou na roda
Ô pião
Roda pião,
bambeia pião
Roda pião,
bambeia pião

Sapateia no tijolo
Ô pião
Sapateia no tijolo
Ô pião
Roda pião,
bambeia pião
Roda pião,
bambeia pião

Amostra tua figura,
Ô pião
Amostra tua figura
Ô pião
Roda pião,
bambeia pião,
Roda pião,
bambeia pião.

Como se brinca

Em uma roda de mãos dadas, as crianças andam no ritmo da parlenda. Quando dizem "do li do li...", param e começam a pular, cruzando e descruzando as pernas. Quem ao final ficar de pernas abertas vai ter que rebolar no centro da roda com a cantiga "O pião entrou na roda.".

Brincadeiras da Cultura Brasileira

Onde encontrar

CD *Abra a roda tin dô lê lê*. Lydia Hortélio

Ana Maria

Ana Maria
Ficou com catapora
Por vinte e quatro horas
Vixe!

Como se brinca

As crianças começam a cantar bem devagar e quando falam "vixe" abrem um pouco a perna, cada vez que repetem a cantiga aceleram um pouco o ritmo e abrem um pouco mais as pernas até cair no chão.

Onde encontrar:

CD Ô, bela Alice, Lydia Hortélio

Maria Viola

"Maria Viola, com quem está a bola?"

Como se brinca

Esta é uma brincadeira de bola. Forma-se uma fila com as crianças bem próximas (no mesmo formato que Agulhinha).

Uma criança ficará de costas para o grupo e jogará a bola para trás. Ao fazê-lo, as crianças que estão em fila escondem a bola atrás do corpo e começam a cantar:

"Maria viola, com quem está a bola?"

A criança sozinha deve adivinhar com quem está a bola; se acertar, ela tem a chance de jogar a bola de novo; se perder, vai quem já tinha jogado a bola antes ou quem pegou a bola.

Procedência: Perus – São Paulo (SP)

Batatinha frita

"Batatinha frita, um, dois, três!"

Como se brinca

As crianças formam uma fila horizontal e aguardam o pegador rodar no lugar e dizer: "Batatinha frita, um, dois, três!".

Enquanto o pegador está de costas e recita a parlenda, as crianças andam no espaço delimitado previamente. Quando o pegador virar e falar "três", todos devem parar imediatamente como estátuas. Quem se mexer, volta para o início do percurso, e aguarda o pegador recitar novamente a parlenda, avançando como no início. O que chegar primeiro ao lugar do que está comandando a brincadeira, torna-se o novo pegador.

Procedência: Belo Horizonte (MG)

Rio Vermelho

Queremos passar pelo rio vermelho
Só passa quem tiver cor
Que cor?
Cor X.

Como se brinca

Uma linha em cada ponta e uma linha no meio, como se fosse um campo de queimada.

O pegador fica de um lado e o grupo de outro.

Então o grupo vai iniciar o diálogo descrito acima.

Quem tiver a cor pode atravessar a linha do meio sem correr porque não será pego, quem não tiver a cor solicitada precisa correr para não ser pego.

A criança que for pega passa para o lado do pegador, o que vai dificultando o jogo, pois o grupo do pegador vai ficando cada vez maior.

> **Outra regra**
>
> Se não tiver a cor, a criança pode segurar na roupa ou sapato de alguém que tenha exatamente a cor solicitada. Se correr e passar da linha final, não pode ser mais pego. O pegador não pode invadir o campo do outro para pegar, isso também propicia que os times sejam trocados o tempo todo.
>
> **Procedência**: Belo Horizonte (MG)

Brincadeiras para crianças de quatro e cinco anos: rodas de dramatização, rodas de verso com quadrinhas, parlendas que viram pega-pega, brincadeiras cantadas e ritmadas

Rodas de dramatização

Participar das rodas de dramatização contribui para o desenvolvimento da noção do ritmo individual e coletivo, assim como alguns princípios básicos de cidadania. Essas rodas exigem das crianças que participam como personagem iniciativa, desembaraço, atenção e coragem. Dos outros participantes exige-se controle para esperar sua vez, atenção, cooperação e observação.

> "Brincadeiras tradicionais como 'A linda Rosa Juvenil', na qual a cada verso corresponde um gesto, proporcionam também a oportunidade de descobrir e explorar movimentos ajustados a um ritmo, conservando fortemente a possibilidade de expressar emoções".
>
> RCN

Algumas rodas de dramatização surgiram pelas histórias como é o caso de *A linda Rosa Juvenil*; outras vieram das danças e de manifestações culturais.

Atualmente, o repertório de rodas de dramatização coletado no país é muito escasso e nos mostra que essa é uma prática que está quase desaparecendo em nossa cultura. Isso reforça a nossa função de transmissores, solicitando que esta seja uma prática devolvida às crianças e trazida para o ambiente escolar.

A apreciação das melodias e dramatizações propostas pelas rodas é um trabalho interessante, pois permite resgatar e valorizar o repertório de rodas de dramatização e perpetuar tradições folclóricas. Também favorece a percepção e estruturas rítmicas para expressar-se por meio da dança e movimentos presentes nas rodas de dramatização.

É importante que as crianças cantem sem a exigência da dramatização primeiramente com o professor, conhecendo melhor as canções e que se respeite a espontaneidade e a naturalidade com as quais as crianças participam ou não da roda.

Embora algumas brincadeiras selecionadas não sejam rodas de dramatização, também exigem um "certo faz de conta" – se está cozinhando, fazendo uma polenta ou tomando banho. Portanto, outras brincadeiras com tais características são bem aceitas nessa proposta.

Brincadeiras que contribuem para o desenvolvimento da noção do ritmo individual e coletivo, assim como alguns princípios básicos de cidadania.

Fonte: Arquivo pessoal da autora

Brincadeiras da Cultura Brasileira

Rodas de Dramatização

Florista

Criança 1 – Eu sou a florista, flores estou vendendo.
Criança 2 – Venha cá, menina, que uma flor estou querendo.
Criança 1 – Se quiser uma flor, passa-me um tostão
Criança 2 – Eu não quero flor, quero é o seu coração.

Como se brinca

Forma-se uma fila e escolhe-se um dos participantes para fazer um diálogo com os demais. No final, quando canta "quero é o seu coração...", o participante, apontando o dedo, escolhe uma criança que irá para o lugar dele.

Variante: Florista

– Eu sou a florista, flores estou vendendo.
– Venha cá, menina, que uma flor estou querendo.
– Se quiser uma flor, passa-me um tostão.
– Quero, quero flores, mais não dou nenhum tostão.
– Cara de gamela, focinho de leitão.
– Olha o nariz dela, mais parece um pimentão.

Como se brinca

Nas duas formas, pode-se brincar apenas como uma dramatização/um diálogo.

Procedência: 1ª versão João Monlevarde (MG)/2ª versão Montes Claros (MG)

A Linda Rosa Juvenil

A linda Rosa juvenil, juvenil, juvenil
A linda Rosa juvenil, juvenil.

Vivia alegre no seu lar, no seu lar, no seu lar
Vivia alegre no seu lar, no seu lar.

Mas uma feiticeira má, muito má, muito má
Mas uma feiticeira má, muito má.

Adormeceu a Rosa assim, bem assim, bem assim
Adormeceu a Rosa assim, bem assim

Não há de acordar jamais, nunca mais, nunca mais
Não há de acordar jamais, nunca mais.

O tempo passou a correr, a correr, a correr
O tempo passou a correr, a correr.

E o mato cresceu ao redor, ao redor, ao redor
E o mato cresceu ao redor, ao redor.

Um dia, veio um belo rei, belo rei, belo rei
Um dia, veio um belo rei, belo rei.

Que despertou a Rosa assim, bem assim, bem assim
Que despertou a Rosa assim, bem assim.

(a última estrofe tem 3 versões diferentes:)

E batam palmas para o rei, para o rei, para o rei
E batam palmas para o rei, para o rei.

ou

Digamos ao rei muito bem, muito bem, muito bem
Digamos ao rei muito bem, muito bem.

ou

E os dois puseram-se a dançar, a dançar, a dançar
E os dois puseram-se a dançar, a dançar

Como se brinca

Essa cantiga de roda é para cantar e brincar: as crianças formam uma roda; uma delas vai para dentro da roda, e é a "Rosa". Outras duas ficam fora da roda e serão a "Feiticeira" e o "Rei". Seguindo as estrofes da música, cada criança deve agir de acordo com o seu personagem. Aquelas que estão na roda, devem girar e cantar ao redor da Rosa.

Procedência: domínio público

A Margarida

As crianças participantes formam uma roda em volta de outra, da qual seguram na barra da saia. De fora dessa roda, outra criança vai volteando e cantando:

Onde está a Margarida,
Olê, olê, olá
Onde está a Margarida
Olê, seus cavalheiros.

As da roda respondem:
Ela está em seu castelo
Olê, olê, olá
Ela está em seu castelo
Olê, seus cavalheiros.

A que está fora:
Mas eu queria vê-la
Olê, olê, olá
Mas eu queria vê-la
Olê, seus cavalheiros.

As da roda:
Mas o muro é muito alto
Olê, olê, olá
Mas o muro é muito alto
Olê, seus cavalheiros.

A de fora tira uma da roda e canta:
Tirando uma pedra
Olê, olê, olá
Tirando uma pedra
Olê, seus cavalheiros.

As da roda:
Uma pedra não faz falta
Olê, olê, olá
Uma pedra não faz falta
Olê, seus cavalheiros.

A criança de fora continua tirando uma por uma das da roda, só deixando a Margarida. À medida que vão saindo, as que continuam na roda cantam: "Uma pedra não faz falta, duas pedras não fazem falta, três pedras, etc.", até sair a última. Nesta ocasião, cantam todas:

Apareceu a Margarida
Olê, olê, olá
Apareceu a Margarida
Olê, seus cavalheiros.

Procedência: domínio público

Parlendas

Varre, varre, vassourinha

Varre, varre, vassourinha
com a vassoura da rainha
Sete quedas, sete, ouro,
tira mão da bolachinha.

Como se brinca

Esta brincadeira pode ter duas formações. Pode-se brincar em roda ou com as crianças lado a lado, formando uma fila horizontal.

As crianças ficam sentadas ou em pé com as duas mãos abertas na frente do corpo; enquanto isso, um dos participantes vai passando, cantando e batendo a mão na mão das crianças.

Toda vez que ele falar "tira a mão da bolachinha", a criança em que ele bater coloca a mão para trás e ele continua cantando até que as crianças tenham as duas mãos para trás.

Quem tem as duas mãos tiradas vai esquentar a mão, esfregando-as uma na outra. A criança que bateu nas mãos vai dar uma saída e depois volta ao grupo perguntando:

Meu patinho passou por aí?
Passou.

O que ele trouxe pra gente comer?
Café com pão, bolacha não.
Tava quente?
Tava.

A criança, então, vai passar de mão em mão, colocando a mão das outras em seu rosto, para saber se está quente ou fria; se estiver fria, a criança esquenta de novo e coloca.

Obs.: o legal desta brincadeira é ficar esquentando a mão!

Procedência: domínio público

Seu lobo

Vamos passear na floresta
Enquanto seu lobo não vem
Seu lobo é um bonitinho
Mas não gosta de ninguém.
Tá pronto, seu lobo?

Como se brinca

Em roda, as crianças cantam e uma delas, que será o lobo, fica no meio. Quando as crianças perguntam "tá pronto, seu lobo?", ele responde inventando e imitando alguma ação como escovar os dentes, dormir, vestir alguma roupa. Quando ele disser que está pronto, as crianças correm e quem for pego será o novo lobo.

Procedência: domínio público

Mamãe Polenta

Como se brinca

Uma criança será a mamãe e fingirá que está fazendo uma polenta. Ao dizer que está mexendo a panela e colocando os ingredientes, percebe que falta algum e sai de perto das crianças para fingir que vai buscá-lo. Assim que sai, as crianças fingem que comem toda a polenta. Ao voltar pergunta:

Cadê a polenta que estava aqui?
O gato comeu.
Cadê o gato?
Tá em cima do telhado.
Como é que eu faço para subir?
Pega a escada.
E se eu cair?
Bem feito (em coro).

Ao dizer "bem feito", as crianças correm e quem for pego é a nossa mamãe ou papai polenta.

Procedência: domínio público

Terezinha de Jesus

Terezinha de Jesus
De uma queda foi ao chão
Acudiram três cavalheiros
Todos três chapéu na mão.

O primeiro foi seu pai
O segundo seu irmão
O terceiro foi aquele a quem Tereza deu a mão.

Como se brinca

Uma criança será a Tereza e fingirá todas as ações da cantiga. Em seguida, aparecem as três crianças para ser os três cavalheiros.

Procedência: domínio público

Brincadeiras da Cultura Brasileira

Rodas de verso com quadrinhas

> "... a música tradicional da infância é o que de mais sensível
> e mais essencial existe na cultura de um povo.
> É o nascedouro da cultura brasileira".
>
> Lydia Hortélio

Trabalhar com as rodas de versos é, acima de tudo, um grande compromisso para o cultivo de nossa cultura e também uma enorme chance de promover bons momentos para que as crianças possam brincar.

Além de trazer textos curtos e de fácil memorização, é importante ressaltar que a intenção primordial desta proposta é garantir uma maior aproximação de nossas crianças com nosso patrimônio cultural, em um momento de entretenimento e prazer.

Do ponto de vista da oralidade, esta proposta possibilita um bom trabalho com a linguagem oral, já que, tradicionalmente, os versinhos são declamados durante as rodas e criam a necessidade de a criança aprender entonações e dar ritmo às suas falas de acordo com a roda de que está participando.

Quadrinhas para rodas de verso

As rodas de verso são cantadas em duas vozes e têm a seguinte estrutura:

- um refrão que todos cantam juntos
- uma quadrinha (estrofe de quatro versos) declamada por um participante
- novamente o refrão, entoado por todos

Rodas de verso

Exemplo de refrão:

Morava na areia, sereia
Me mudei para o sertão, sereia
Aprendi a namorar, sereia
Com aperto de mão, sereia

Ô bela, ô belinha
ô bela, namorada minha...

Roda Moreninha

Roda Moreninha
Quero ver você rodar
Balanceia, balanceia,
Quero ver balancear.

Procedência: Francisco Badaró – Vale do Jequitinhonha (MG)
Informantes: Comunidade de São João de Baixo
Pesquisa: Lucilene Silva

Rodeiro novo

Rodeiro novo
Quero ver rodar
Quero ver rodar morena
Quero ver balancear

Procedência: Tanques de Ibirapitanga (BA)
Informante: D. Nega, 51 anos
Pesquisa: Lucilene Silva

Iá Iá do Parafuso

Ô iá iá do parafuso
Saia fora e venha ver
Venha ver o parafuso
Até o dia amanhecer

Procedência: Guaiú (BA)
Informante: D. Alina , 60 anos
Pesquisa: Lucilene Silva

Sabiá

Melão, melão, sabiá!
É de laranjeira, sabiá!
A morena é bonita, sabiá!
Namoradeira, sabiá!

Procedência: Erm. Matarazzo (SP)
Informantes: Grupo de Jovens - Comunidade N. Senhora Aparecida
Pesquisa: Lucila Almeida

Quadrinhas[6]

Em cabelo pixaim
Não se pode botar banha
Quanto mais banha se bota,
Mais o danado s'assanha!

O céu pediu estrelas,
O peixe pediu fundura,
O homem pediu amores
E a mulher a formosura.

O tatu foi à roça,
Toda a roça me comeu,
Plante roça quem quiser,
Que o tatu quero ser eu.

Lá se vai meu coração
Amarrado com uma fita;
Já que eu lá não posso ir,
Aceita minha visita.

Quem quiser saber meu nome
Dê uma volta no jardim
Que meu nome está escrito
Numa folha de jasmim.

---

6 Pesquisadas por Lucila Silva de Almeida.

As estrelas do céu correm,
Eu também quero correr,
Elas correm atrás da Lua,
Eu atrás do bem querer.

Esta noite, à meia noite,
Vi o cantar de uma coruja.
Parecia que dizia:
Lava a cara que está suja!
Quando tu pisas na rua,
Toda dengosa, Maria,
Já sei de tua chegada
Que a chinela anuncia.

Eu não quero mais amar
Nem achando quem me queira;
O primeiro amor que tive
Botou-me sal na moleira!

A barata diz que tem
Um sapato de bordado
É mentira da barata
Ela tem é pé rachado

A barata diz que tem
Uma cama de marfim
É mentira da barata
Ela tem é de capim
A barata diz que tem
Um sapato de veludo
É mentira da barata
O pé dela é que é peludo

A barata diz que tem
Um sapato de fivela
É mentira da barata
O sapato é da mãe dela

Parlendas que viram pega-pega

Correr é a atividade mais desejada na faixa etária de quatro a cinco anos. As crianças já adquiriram maior domínio sobre seu corpo e as qualidades do movimento, e passam a agir de maneira intencional.

Com parlendas que geram brincadeiras de pega-pega, é possível que as crianças não só se divirtam como explorem com qualidade dos movimentos.

Uma boa quantidade das brincadeiras faz parte da nossa herança trazida pelos índios, europeus e negros e são patrimônios de nossa cultura. Inspirar-se nela é redescobrir um Brasil cheio de rimas e versos, brincadeiras que induzem ao movimento e que foram inventadas por pessoas simples, guardadas na memória e transmitidas oralmente.

Chicotim Queimado

Chicotim queimado!
Tá queimadinho!
Quem queimou?
Foi o Zé Bololô !
Na casa de quem?
Do seu avô!
Ele tinha um cachorrinho,
Chamado Totó.
Ele pula, ele dança
De uma perna só.
Abaixa a cabeça!
Sim, senhor, Dr. Jerônimo!
Butijão de gás já estourou.
Buuuuuu!!!

Como se brinca

Uma roda sentada no chão e uma criança que anda em volta no ritmo da parlenda. Estabelece-se o diálogo como no texto acima. Quando chegam ao final e dizem "Buuuuu!", as crianças abaixam a cabeça, aquela que anda em volta coloca qualquer coisa que leva na mão (uma pedrinha, por exemplo) atrás de uma das crianças e continua andando. Em certo momento ela diz "pronto", todos levantam a cabeça e olham para trás. Aquela com quem ficou o "chicotinho" levanta e sai correndo para pegar a outra que vai se sentar no lugar vago. Se for alcançada, vai ficar no centro da roda na próxima vez.

Onde encontrar: CD – *Abre a roda tin do lê lê*
Procedência: João Monlevade (MG) Informante: Laira e Larissa
Pesquisa: Lucilene Silva

Variantes

Chicotim Queimado
Vale dois cruzados
Quem olhar pra trás
Leva chicotada

Chicotim de ouro
Vale dois besouros
Quem olhar pra trás
Ganha um besouro

Três mocinhas da Europa

Grupo 1 – "Nós somos as três mocinhas da Europa!"
Grupo 2 – "Que vieram fazer?"
Grupo 1- "Vocês vão ver!"

Como se brinca

Formam-se dois grupos com número igual de participantes. Marca-se uma linha no chão, delimitando o espaço. O primeiro grupo começa a parlenda, avançando até a linha e dizendo a primeira frase. Em seguida, o segundo grupo também avança e pergunta. Quando o primeiro grupo diz a última frase, um de seus participantes faz uma mímica. Se o segundo grupo acertar, correm atrás dos adversários; se errar, corre quem fez a mímica. Se conseguir pegar alguém, a pessoa passa automaticamente para o grupo adversário. Ganha o grupo que tiver o maior número de participantes no final da brincadeira.

Procedência: São Paulo (SP) Informantes: Wilson Roberto de Almeida, 48
Pesquisa: Lucilene Silva

Outras variantes

Grupo 1 – "Nós somos as cinco mocinhas da Europa!"
Grupo 2 – "Que vieram fazer?"
Grupo 1 – " Combater!"
Grupo 2 – "Combate agora que eu quero ver!"

Como se brinca

Igual à primeira, mas também pode ser com um cabo de guerra sem corda. Ganha quem conseguir derrubar o maior número de participantes.

Nós somos três marinheiros da Europa
Que vieram fazer?
Combater
Combate para nós ver.

Somos três marinheiros da Europa
Que vieram fazer?
Muitas coisas bonitas
Faz um pouquinho pra mim ver.

Somos três mosquiteiros que vieram da Europa
Que vieram fazer?
Combater
Combate pra nós ver

Três mocinhos da Europa
Que vieram fazer?
Muitas coisas maravilhosas pra você ver
Então mostre.

Onde encontrar: *Parlenda, riqueza folclórica*, Jacqueline Heylen

Pom poneta peta

Pom po ne ta
Pê ta pê ru ge
Plim

Como se brinca

As crianças, com as mãos fechadas em punho, ficam em volta de quem vai batendo de mão em mão até terminar a parlenda.

A escolha é feita por exclusão. O último que fica é quem vai pegar.

Onde encontrar: CD – Abre a roda tin do lê lê, Lydia Hortélio

Variantes

Cordoneta
Pita pita peta
Perugem
Cordoneta
Pita pita peta
Petrim

Pimponesa
Pita pita peruge
Pim pom

Pimponete
Põe no pita peta
Pogi

Onde encontrar: *Parlenda, riqueza folclórica*, Jacqueline Heylen

Gavião

O gavião tá passando aqui.
Cuidado com o gavião
Pega gavião.

Como se brinca

Forma-se uma roda e todas as crianças ficam com as mãos para trás. Um dos participantes circula pela roda com uma pena na mão e diz "O gavião tá passando aqui. Cuidado com o gavião!" e escolhe alguém para colocar a pena. Se a criança que estiver com a pena percebê-la, grita: "Voa Gavião" e corre atrás da criança que passou a pena; se outra criança da roda perceber, esta também pode correr para alcançá-lo. Caso consiga pegar, este será o novo pegador; caso contrário, começa tudo de novo.

Procedência: São Paulo (SP) Informantes: Wilson Roberto de Almeida, 48
Pesquisa: Lucilene Silva

Barra manteiga

Barra manteiga, na fuça da nega um, dois e três.

Como se brinca

Duas crianças, inicialmente, escolherão seus times; assim, o grupo se dividirá em duas turmas que deverão se colocar em fila, frente a frente. Para delimitar os "campos" de cada time, é necessário fazer um risco (com giz ou carvão) no chão.

Uma das crianças inicia o jogo se aproximando do outro time e começa a bater nas palmas das mãos dos participantes do grupo adversário (que deverão estar alinhados próximos à linha). Conforme bate nas mãos, diz alto:

"Bar-ra man-tei-ga na fu-ça da ne-ga um, dois e três!"

Quando falar "três", bate na mão de uma criança e sai correndo de volta para seu time, perseguida pelo pegador de outra turma (aquele que levou o tapa na mão). Se este conseguir pegá-la, passa a ser do time adversário e, se o pegador passar a linha, também vai para o outro time.

Ganha o time que conseguir um maior número de participantes.

Procedência: Domínio público

Brincadeiras cantadas e ritmadas

As brincadeiras cantadas podem ocorrer por meio de filas, rodas ou formação de pequenos grupos. São formas lúdicas de brincar com o corpo a partir da relação estabelecida entre movimento corporal e expressão vocal, na forma de músicas, frases, palavras ou sílabas ritmadas, que integram a cultura popular ou fazem parte das criações contemporâneas.

Fundem musicalidade, dança, dramatização, mímica e jogos – dependendo do enfoque a ser priorizado em cada atividade –, e criam boas condições para o desenvolvimento do movimento das crianças.

Pelas brincadeiras cantadas, é provável que as crianças possam dominar gradativamente o próprio movimento, aperfeiçoando seus recursos de deslocamento, adquirindo coordenação motora para atuar em jogos e brincadeiras.

Brincadeiras cantadas

Água Do Rio Fonfon

Água do Rio Fonfon, da cor do limão, de nossa Senhora da Conceição.

É de rin fin fin, é de rin fon fon, é de Nossa Senhora da Conceição.

Como se brinca

Forma-se uma fila e a criança que estiver na ponta pergunta:

Ô compadre, meu patinho passou por aí?
Grupo: – Passou.
Criança: – E o que ele trouxe pra gente comer?
Grupo: – Milho verde cozido.
Criança: – E pra gente beber?

Quando ela perguntar "e pra gente beber?", começa a passar por debaixo dos braços das crianças de modo que elas fiquem de braços cruzados. As crianças continuam cantando até ela passar pelos braços de todo mundo.

"Água do Rio Fonfon, da cor do limão, de Nossa Senhora da Conceição.

É de rin fin fin, é de rin fon fon, é de nossa senhora da Conceição".

No final quando todos estiverem entrelaçados, o puxador brinca de pedir várias coisas ex.: bacia, tapete etc. Por último ele deve perguntar:

Ô cumadre, você tem uma corda?
Tenho, mas tá cheia de nó.

Quando as crianças responderem a última frase, aquelas que estão em ambas as pontas vão puxar para tentar desfazer o nó, virando uma espécie de cabo de guerra.

Procedência: Domínio público

Ladrão dos porcos

(tem a mesma formação da brincadeira Água do Rio Fonfon)

Chicotim queimado
Quem queimou?
Ladrão dos porcos.
Prenda já daqui pra lá

Como se brinca

É um diálogo entre a fila e um dos participantes que estará na ponta. Quando disser "prenda já daqui pra lá" a fila deve passar toda debaixo dos braços da última criança e esta cruzará os braços, até que todos os participantes tenha ido.

Procedência: Domínio público

Realejo

Olha o velho, realejo velho, realejo.
Nós só temos o desejo de ajudar o realejo.

Como se brinca

Esconde-se um objeto e canta-se a cantiga. Se a criança estiver quente, ou seja, próxima do objeto vai cantar baixinho; se estiver fria (longe do objeto), vai cantar forte.

Procedência: Domínio público

Ponte pilonte

Como se brinca

Forma-se um túnel e as crianças passam por baixo dizendo:

Ponte pilonte caiu na ponte.
Ponte pilonte caiu na ponte.

As crianças ou adultos que estiverem fazendo o túnel devem escolher que fruta serão antes de começar a brincadeira sem que as outras crianças saibam quem representa cada fruta.

Em um determinado momento, abaixam os braços e dizem:

A ponte quebrou!
Manda consertar.
O que você me dá?

Brincadeiras da Cultura Brasileira

O último vagão do trem.
Pode passar.

Este que foi preso escolhe uma das frutas (pêra ou maçã) e ficará atrás da fruta escolhida.

Ao final, a fila que tiver o maior número de participantes é a campeã.

Procedência: Domínio público

Banana podre

Gato comeu seu pão
Não me deu.

Como se brinca

As crianças formam uma fila de mãos dadas. Todas cantam enquanto a criança que está numa das extremidades de fileira, considerada a guia, descola as companheiras, que se mantêm sempre de mãos dadas. A guia vai passar no vão formado pelos braços da última e penúltima crianças da fileira, que permanecem paradas, enquanto ela, depois que todas passam, faz meia volta e, sem deixar as mãos das companheiras, fica com os braços cruzados à frente do corpo. Novamente a guia faz a fileira movimentar-se para passar no vão formado pelos braços da antepenúltima e penúltima criança. Aquela faz também meia volta e cruza, por sua vez, os braços à frente do corpo. Assim continua o brinquedo até que todas as crianças da fileira estejam com os braços cruzados, exceto a guia e a da extremidade oposta. Nessa ocasião, param de cantar e estabelece-se entre as duas o seguinte diálogo:

Comadre, você tem uma agulha?
Está sem fundo.
Você tem uma panela?
Está furada.
Você tem uma corda?
Está cheia de nós.
Vamos ver se arrebenta?
É pra já.

As crianças das extremidades opostas puxam a fileira, cada qual para seu lado. Quando alguém desatar os braços, todas gritam: "Banana podre! Banana podre!" finalizando a brincadeira.

Procedência: Domínio público

O Bímbolo da cruz

Ô bímbolo da cruz, dá licença eu passar.
Porque aqui eu passarei, uma menina deixarei
Qual delas será, a da frente ou a de trás.
A da frente corre muito e a de trás ficará.
Passa daqui, passa dali.
A última há de ficar (3×)

Como se brinca

Forma-se um túnel onde duas pessoas levantam os braços e dão as mãos para que as crianças passem por baixo em fila. Antes de começar a brincadeira, as duas pessoas combinam entre si qual fruta cada uma será. Quando a música terminar, fecha-se o túnel e a criança que ficar deve escolher uma fruta; ela deverá ficar atrás da dona da fruta que escolheu e, no final, as duas filas fazem um cabo de guerra. ■

4 Em poucas palavras...

A criança brinca para entender o mundo

A criança brinca para entender o mundo
Fonte: Arquivo pessoal da autora

A criança brinca para entender o mundo, porém ela só aprende a brincar, brincando.

Brincar necessita de um espaço privilegiado na educação infantil. É preciso devolver o lugar do brincar nas escolas e instituições de educação infantil. Brincar no sentido do fazer pelo prazer, que é prática cultural não só para se apropriar da cultura, como também para produzi-la.

Brincar é fundamental para a construção do humano, pois por meio dele as crianças podem se familiarizar com o mundo em que vivem, aprender a falar e ouvir, representar, inventar, imitar, rir, chorar, criar estratégias, brigar, ceder, negociar, imaginar e sonhar. Pelo brincar, podem se reconhecer como únicas neste mundo.

Por meio do brincar na escola, as crianças podem aprender a respeitar a opinião do outro, colocar-se e expor suas opiniões, tomar decisões, fazer escolhas e resolver conflitos.

As brincadeiras e os brinquedos contribuem imensamente na formação da subjetividade da criança, assim como para a formação do grupo, por meio das interações propostas.

É na brincadeira que podemos nos deparar com a capacidade surpreendente das crianças de olhar para a mesma coisa como se fosse a primeira vez e perceber que com a reapresentação das propostas podem participar ainda mais e melhor.

Embora as brincadeiras envolvam processos de aprendizagem, não devem ser proporcionadas apenas como instrumento de ensino de outras áreas. É preciso que o brincar seja garantido pelo simples prazer da brincadeira.

Assim como nas outras atividades da instituição, o professor precisa ser aquela pessoa que possibilita a suas crianças irem mais longe, avançarem em seus conhecimentos de mundo e a saberem outros jeitos de brincar.

Fonte: Arquivo pessoal da autora

É fundamental que se tenha um olhar atento para seu grupo, seus gostos, seus jeitos, brincadeiras inventadas e como reagem às brincadeiras propostas. Partindo dessas informações, propor novos cenários, novos desafios e novos encaminhamentos.

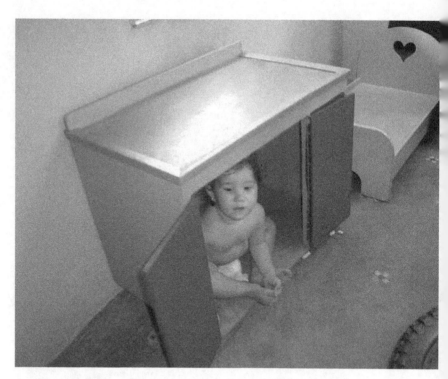

É importante propor novos cenários, novos desafios e novos encaminhamentos para seu grupo.
Fonte: Arquivo pessoal da autora

Encaminhamentos para seu grupo

É preciso que a brincadeira passe a marcar momentos importantes da rotina do grupo, que as crianças se lembrem do professor não só como um bom profissional que conta, lê, inventa histórias, as insere no mundo das letras e dos números, mas também como um professor brincante, aquele que não só permite a brincadeira, mas que é presente nela.

Além das brincadeiras de faz de conta, exploratórias e de regras, é primordial que as crianças também tenham acesso às brincadeiras da nossa cultura tradicional.

Ao promover brincadeiras que aproximam as crianças da nossa cultura, apresentamos o mundo em sua diversidade, garantimos o acesso a outros jeitos de brincar e, acima de tudo, asseguramos que as crianças tenham direito de brincar, elemento primordial dos direitos da criança.

Fonte: Arquivo pessoal da autora

Referências Bibliograficas

ARAÚJO, Alceu Maynard. **Cultura popular brasileira**. São Paulo, WMF, 2007.

BENJAMIN, Walter. **Reflexões sobre a criança, o brinquedo e a educação**. São Paulo: Ed. 34, 2002.

BRASIL. **Referencial Curricular Nacional para a Educação Infantil**. Brasília; MEC/SEF,1998.

BRITO, Teca Alencar de. **Música na educação infantil**. São Paulo: Peirópolis, 2003.

BROUGÈRE, Gilles. *A criança e a cultura lúdica* in KISHIMO-TO, T. M. (org.) **O brincar e suas teorias**. São Paulo: Pioneira, 1998.

BROUGÈRE, Gilles. **Brinquedo e cultura**. São Paulo: Cortez, 1997.

BROUGÈRE, Gilles. **Brinquedos e companhia**; São Paulo: Cortez, 2004.

CASCUDO, Luís da Câmara. **Dicionário do folclore brasileiro**. São Paulo: Global, 2001.

HEYLEN, Jacqueline. **Parlenda, riqueza folclórica**. São Paulo: Hucitec, 1991.

HORTÉLIO, Lydia. Brincar é o último reduto de espontaneidade que a humanidade tem. In **Revista Pátio Educação Infantil**. Ano I. n. 3. Dezembro 2003/Março 2004.

HORTÉLIO, Lydia. **Música da Cultura Infantil no Brasil**. São Paulo: Casa Amarela, 2006.

MEIRELLES, Renata. **Giramundo e outros brinquedos e brincadeiras dos meninos do Brasil**. São Paulo: Terceiro Nome, 2007.

MELO, Veríssimo de. **Folclore infantil**. Belo Horizonte: Itatiaia, 1991.

NOVAES, Íris Costa. **Brincando de roda**. Editora Agir, 1994.

PINTO, Manuel; SARMENTO, Manuel Jacinto (coord.). **As crianças – contextos e identidades**. Universidade do Minho. Centro de Estudos da Criança, 1997.

ROMERO, Sílvio. **Cantos populares do Brasil**. Belo Horizonte: Itatiaia Limitada, 1985.

SÃO PAULO. **Orientações curriculares: expectativas de aprendizagens e orientações didáticas para Educação Infantil/Secretaria Municipal de Educação** – São Paulo; SME/DOT, 2007.

VYGOTSKY, L. S. **A formação social da mente**. São Paulo: Martins Fontes, 1991.

CDs

Abra a roda tin dô lê lê. Lydia Hortélio e Antonio Nóbrega. Brincante Produções Artísticas, 2003.

Ô, Bela Alice... Brincante Produções Artísticas, 2006.